Conteúdo digital exclusivo!

Cadastre-se e transforme seus estudos em uma experiência única de aprendizado!

Acesse agora

Portal:
www.editoradobrasil.com.br/crescer

Código de aluno:
2275322A3445048

Lembre-se de que esse código é pessoal e intransferível. Guarde-o com cuidado, pois é a única forma de você utilizar os conteúdos do portal.

Katia Mantovani • Maria Regina de Campos

CRESCER
Ciências

1º ano

Dados Internacionais de Catalogação na Publicação (CIP)
(Câmara Brasileira do Livro, SP, Brasil)

Mantovani, Katia
　　Crescer ciências, 1º ano / Katia Mantovani, Maria Regina de Campos. – 1. ed. – São Paulo: Editora do Brasil, 2018. – (Coleção crescer)

　　ISBN 978-85-10-06790-4 (aluno)
　　ISBN 978-85-10-06791-1 (professor)

　　1. Ciências (Ensino fundamental) I. Campos, Maria Regina de. II. Título. III. Série.

18-15345　　　　　　　　　　　　CDD-372.35

Índices para catálogo sistemático:
1. Ciências: Ensino fundamental 372.35
Maria Alice Ferreira – Bibliotecária – CRB-8/7964

1ª edição / 1ª impressão, 2018
Impresso no Parque Gráfico da Editora FTD

Rua Conselheiro Nébias, 887
São Paulo/SP – CEP 01203-001
Fone: +55 11 3226-0211
www.editoradobrasil.com.br

© Editora do Brasil S.A., 2018
Todos os direitos reservados

Direção-geral: Vicente Tortamano Avanso

Direção editorial: Felipe Ramos Poletti
Gerência editorial: Erika Caldin
Coordenação de arte: Cida Alves
Supervisão de revisão: Dora Helena Feres
Supervisão de iconografia: Léo Burgos
Supervisão de digital: Ethel Shuña Queiroz
Supervisão de controle de processos editoriais: Marta Dias Portero
Supervisão de direitos autorais: Marilisa Bertolone Mendes

Supervisão editorial: Angela Sillos
Coordenação pedagógica: Maria Cecília Mendes de Almeida
Consultoria técnico-pedagógica: Margareth Polido
Edição: Luciana Keler M. Corrêa e Rafael Braga de Almeida
Assistência editorial: Ana Caroline Rodrigues de M. Santos
Coordenação de revisão: Otacilio Palareti
Copidesque: Liege Marucci
Revisão: Alexandra Resende, Andréia Andrade, Elaine Cristina da Silva e Maria Alice Gonçalves
Pesquisa iconográfica: Daniel Andrade e Tamiris Marcelino
Assistência de arte: Carla Del Matto
Design gráfico: Andrea Melo
Capa: Megalo Design e Patrícia Lino
Imagem de capa: Márcia Braun Novak
Ilustrações: Cristiano Lopez, Douglas Ferreira, Eduardo Belmiro, Marcel Borges, Marcos de Mello, Mauro Salgado, Paula Lobo, Raitan Ohi e Saulo Nunes Marques
Coordenação de editoração eletrônica: Abdonildo José de Lima Santos
Editoração eletrônica: Elbert Stein
Licenciamentos de textos: Cinthya Utiyama, Jennifer Xavier, Paula Harue Tozaki e Renata Garbellini
Controle de processos editoriais: Bruna Alves, Carlos Nunes, Jefferson Galdino, Rafael Machado e Stephanie Paparella

QUERIDO ALUNO,

ESTE LIVRO FOI FEITO PENSANDO EM VOCÊ. O CONTEÚDO SELECIONADO E AS ATIVIDADES PROPOSTAS TÊM O OBJETIVO DE AJUDÁ-LO A COMPREENDER DIFERENTES FENÔMENOS QUE ACONTECEM NA NATUREZA.

ESPERAMOS QUE VOCÊ ACEITE NOSSOS DESAFIOS E QUESTIONE, REFLITA, PROCURE SOLUÇÕES E, POR FIM, FAÇA NOVAS PERGUNTAS SOBRE OS FATOS CIENTÍFICOS. ESPERAMOS TAMBÉM QUE ESSAS VIVÊNCIAS SE JUNTEM ÀS SUAS EXPERIÊNCIAS E CONTRIBUAM PARA SEU DESENVOLVIMENTO ESCOLAR.

COM CARINHO,

AS AUTORAS

SUMÁRIO

UNIDADE 1
AS PESSOAS 7
- SOMOS IGUAIS OU SOMOS DIFERENTES? 8
  - **TAMBÉM QUERO FAZER** – IMPRESSÃO DIGITAL 9
  - AUTORRETRATO 10
  - NOSSA TURMA 12
  - **GIRAMUNDO** – BRINCAR E FAZER ARTE 13
- O CORPO HUMANO 14
  - **TAMBÉM QUERO FAZER** – MOVIMENTOS ESPECIAIS 16
  - CUIDADOS COM AS CRIANÇAS 17
  - A DIVERSIDADE 18
  - PARA CRESCER COM SAÚDE 19
  - ALIMENTAÇÃO E HIGIENE 21
- **O QUE ESTUDAMOS** 25
- **RETOMADA** 26
- **PERISCÓPIO** 28

UNIDADE 2
OS SENTIDOS 29
- PERCEBER O MUNDO 30
  - OS SENTIDOS NO DIA A DIA 32
  - **VOCÊ E...** OS SENTIDOS 34
  - **LEIO E COMPREENDO** – LEGENDAS 35
  - **TAMBÉM QUERO FAZER** – QUAL É A FRUTA? 36
  - **TAMBÉM QUERO FAZER** – JOGO DA MEMÓRIA SONORO 38
  - CUIDADOS COM OS ÓRGÃOS DOS SENTIDOS 41
  - **GIRAMUNDO** – IMAGENS EM MOVIMENTO 44
- **O QUE ESTUDAMOS** 49
- **RETOMADA** 50
  - **CONSTRUIR UM MUNDO MELHOR** – A MELHOR ESCOLA É A ESCOLA ACESSÍVEL 52
- **PERISCÓPIO** 54

UNIDADE 3
OS ANIMAIS E A PASSAGEM DO TEMPO 55

CADA UM NO SEU TEMPO 56
   O DIA E A NOITE 57
MEDIR O TEMPO 58
OS CALENDÁRIOS 61
   TAMBÉM QUERO FAZER – CALENDÁRIO DOS ANIVERSARIANTES DA TURMA ... 62
   VOCÊ E... O MÊS DE SEU ANIVERSÁRIO 64
A LUZ E OS HÁBITOS DOS ANIMAIS 65
   VOCÊ E... SEUS HÁBITOS 65
   CADA TAREFA NO SEU TEMPO 66
O QUE ESTUDAMOS 71
RETOMADA 72
PERISCÓPIO 74

UNIDADE 4
OBJETOS DO DIA A DIA ... 75

OBJETOS DA COZINHA 76
A MADEIRA 77
   VOCÊ E... – OS OBJETOS DE MADEIRA 78
OUTROS MATERIAIS E SUAS CARACTERÍSTICAS 78
   TAMBÉM QUERO FAZER – MATERIAL DOS OBJETOS DA COZINHA 80
CARACTERÍSTICA DO MATERIAL E FUNÇÃO DO OBJETO 82
   GIRAMUNDO – DIFERENTES MATERIAIS PARA CONSTRUIR CASAS 85
O QUE ESTUDAMOS 87
RETOMADA 88
PERISCÓPIO 90
REFERÊNCIAS 91
MATERIAL COMPLEMENTAR ... 93

PINAR INCE/SHUTTERSTOCK.COM

UNIDADE 1 — AS PESSOAS

1. ENCONTRE E CIRCULE AS QUATRO CRIANÇAS QUE ESTÃO BRINCANDO DE **ESCONDE-ESCONDE** NO PÁTIO DA ESCOLA.

SOMOS IGUAIS OU SOMOS DIFERENTES?

LUANA E CAIO CAMINHAVAM PELA ESCOLA QUANDO VIRAM UM CARTAZ NO MURAL.

LUANA DISSE:

– CAIO, ACHO QUE TEM ALGO ERRADO NESSE CARTAZ. COMO ALGUÉM PODE SER IGUAL E DIFERENTE AO MESMO TEMPO?

PENSE E CONVERSE

- O QUE VOCÊ ENTENDEU DO TÍTULO DESSE CARTAZ?
- LUANA TEM RAZÃO? POR QUÊ?

COMENTE SUAS IDEIAS COM OS COLEGAS E O PROFESSOR.

TAMBÉM QUERO FAZER

IMPRESSÃO DIGITAL

NOS DEDOS DAS MÃOS AS PESSOAS TÊM UMA CARACTERÍSTICA CHAMADA DE **IMPRESSÃO DIGITAL**. QUER OBSERVAR COMO É A SUA?

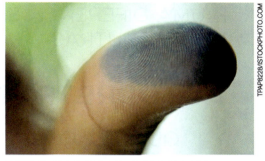

DEDO POLEGAR COM TINTA PARA REGISTRO DA IMPRESSÃO DIGITAL.

MATERIAL:
- ALMOFADA DE CARIMBO.

MODO DE FAZER

1. EM UM DOS ESPAÇOS ABAIXO, ESCREVA SEU NOME. NO OUTRO, O NOME DE SEU COLEGA.
2. MOLHE SEU POLEGAR NA TINTA DA ALMOFADA.
3. COLOQUE-O NO ESPAÇO EM QUE VOCÊ ESCREVEU SEU NOME.
4. PEÇA A SEU COLEGA QUE FAÇA O MESMO.

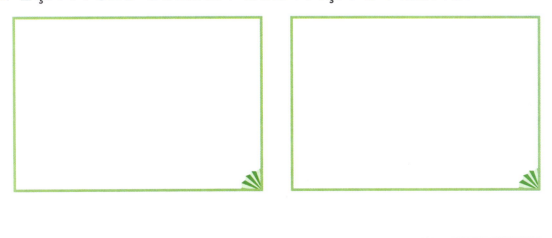

5. COMPARE AS DUAS IMAGENS.

CONCLUSÃO

AS IMPRESSÕES DIGITAIS DE VOCÊS SÃO IGUAIS OU DIFERENTES?

NÃO EXISTEM DUAS PESSOAS COM A MESMA IMPRESSÃO DIGITAL, NEM GÊMEOS IDÊNTICOS. ESSA É UMA DIFERENÇA ENTRE AS PESSOAS, MAS EXISTEM MUITAS OUTRAS.

AUTORRETRATO

QUAIS SÃO AS DIFERENÇAS ENTRE OS ALUNOS DA TURMA? E QUAIS SÃO AS **SEMELHANÇAS**? NESTA ATIVIDADE, VOCÊ VAI FAZER UM AUTORRETRATO E MONTAR O PAINEL DA TURMA PARA RESPONDER A ESSAS PERGUNTAS.

> **SEMELHANÇA:** CARACTERÍSTICA PARECIDA COM A DE OUTRO SER OU OBJETO.

MATERIAL:
- ESPELHO;
- FOLHA DE PAPEL EM BRANCO;
- LÁPIS PRETO E BORRACHA;
- LÁPIS DE COR.

MODO DE FAZER

1. OBSERVE SEU ROSTO NO ESPELHO E, COM O LÁPIS PRETO, DESENHE-O NA FOLHA DE PAPEL.
2. PINTE O DESENHO PARA QUE ELE FIQUE PARECIDO COM VOCÊ. REPRESENTE A COR DE SUA PELE, A DE SEUS OLHOS E COMO É SEU CABELO.

3. ESCREVA SEU NOME AO LADO DO DESENHO.

4. O PROFESSOR ORGANIZARÁ OS TRABALHOS EM UM MURAL. O TÍTULO DESSA EXPOSIÇÃO SERÁ **NOSSA TURMA – 1º ANO**.

CONCLUSÃO

1. AGORA OBSERVE OS DESENHOS EXPOSTOS NO MURAL E CONVERSE COM OS COLEGAS E O PROFESSOR:

- QUAIS SÃO AS SEMELHANÇAS ENTRE VOCÊS? E AS DIFERENÇAS?

ALÉM DE DIFERENÇAS COMO A COR DOS OLHOS E O TIPO DE CABELO, QUE OUTRAS CARACTERÍSTICAS PODEM VARIAR NAS PESSOAS?

CONVERSE COM OS COLEGAS E O PROFESSOR SOBRE ESSA QUESTÃO. QUANDO TERMINAREM, ESCREVA O QUE VOCÊS CONCLUÍRAM.

_____

_____

_____

_____

NOSSA TURMA

VOCÊ NOTOU QUE AS PESSOAS TÊM **ASPECTOS FÍSICOS** SEMELHANTES E DIFERENTES. ALÉM DELES, É POSSÍVEL OBSERVAR OUTRAS CARACTERÍSTICAS, COMO O JEITO DE SER E AS PREFERÊNCIAS DE CADA UM.

> **ASPECTO FÍSICO:** TUDO O QUE É RELACIONADO AO CORPO, COMO COR DOS OLHOS, DOS CABELOS E ALTURA.

1. DESENHE E PINTE NO QUADRO:

UMA COMIDA DE QUE VOCÊ GOSTA;

ALGO QUE O DEIXA ALEGRE.

- TROQUE O LIVRO COM UM COLEGA. VOCÊS TÊM AS MESMAS PREFERÊNCIAS?

2. VOLTE À PERGUNTA FEITA POR LUANA NA PÁGINA 8 E RESPONDA: AFINAL, SOMOS IGUAIS OU DIFERENTES?

12

BRINCAR E FAZER ARTE

OBSERVE A CRIATIVIDADE E A TÉCNICA USADA POR ED EMBERLEY PARA DESENHAR ROSTOS.

A SEGUIR, HÁ MAIS DOIS EXEMPLOS DOS TRABALHOS DESSE ARTISTA: O CAIO CABELUDO E A DORA DORMINHOCA. OBSERVE-OS E TENTE FAZER UM TRABALHO COM ESSA TÉCNICA.

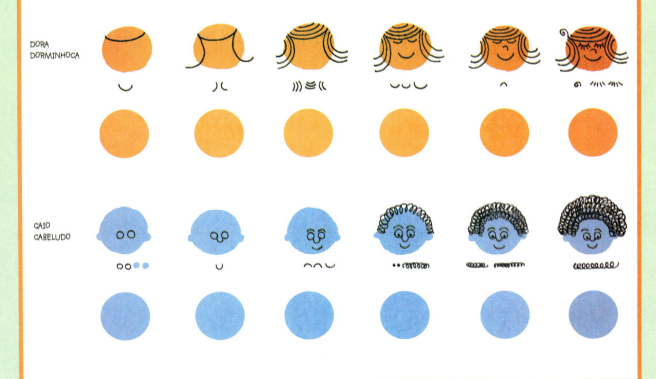

O CORPO HUMANO

VOCÊ CONHECE O **JOGO DA FORCA**? SE NÃO, FIQUE ATENTO ÀS ORIENTAÇÕES DO PROFESSOR PARA APRENDER.

1. ENQUANTO JOGAVAM, MANUELA (**A**) E PEDRO (**B**) MARCARAM OS RESULTADOS. VEJA COMO FICOU O FINAL DA BRINCADEIRA.

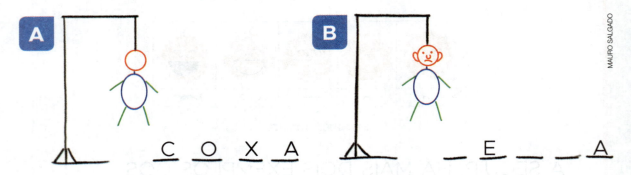

- QUAL DELES GANHOU A BRINCADEIRA? EXPLIQUE SUA RESPOSTA.

2. OBSERVE A FIGURA **A** E PINTE O QUADRINHO COM O NOME DA PARTE DO CORPO HUMANO QUE ESTÁ NA COR:

VERMELHA

| MÃO | PESCOÇO | PÉ | CABEÇA |

AZUL

| JOELHO | PESCOÇO | COXA | TRONCO |

VERDE

| CABEÇA | MEMBROS | PESCOÇO | TRONCO |

14

O CORPO DAS PESSOAS É FORMADO POR TRÊS PARTES: CABEÇA, TRONCO E MEMBROS (SUPERIORES E INFERIORES).

A CABEÇA É FORMADA PELO CRÂNIO E PELA FACE. O CRÂNIO É COMO UMA CAIXA FEITA DE OSSOS, QUE PROTEGE AS PARTES DO INTERIOR DA CABEÇA. O TRONCO É FORMADO PELO TÓRAX E PELO ABDOME.

3. COM LÁPIS DE CORES DIFERENTES, CIRCULE A CABEÇA, O TRONCO, UM MEMBRO SUPERIOR E UM MEMBRO INFERIOR. FAÇA UMA SETA PARA INDICAR O TÓRAX E O ABDOME.

ALGUMAS PARTES DO CORPO HUMANO.

15

TAMBÉM QUERO FAZER

MOVIMENTOS ESPECIAIS

TOME CUIDADO AO REALIZAR OS MOVIMENTOS PARA NÃO SE MACHUCAR.

NESTA ATIVIDADE, VOCÊ SERÁ CONVIDADO A FAZER ALGUNS MOVIMENTOS. SERÁ QUE VOCÊ CONSEGUE:

1. ANDAR NAS PONTAS DOS PÉS?

2. ANDAR COM OS JOELHOS DOBRADOS E OS BRAÇOS CRUZADOS?

3. UNIR OS DEDOS COLOCANDO AS MÃOS ATRÁS DAS COSTAS?

4. FAZER UMA PONTE COM O CORPO, DEIXANDO O ABDOME PARA CIMA?

AGORA CONVERSE COM OS COLEGAS E O PROFESSOR E RESPONDA:

- QUE PARTES DO CORPO VOCÊ MAIS MOVIMENTOU OU USOU PARA FAZER CADA ATIVIDADE?
- EM SUA OPINIÃO, QUAL É A FUNÇÃO DE CADA UMA DESSAS PARTES? POR EXEMPLO, PARA QUE SERVEM AS MÃOS? E OS PÉS?

CUIDADOS COM AS CRIANÇAS

NA INFÂNCIA, PRINCIPALMENTE NOS DOIS PRIMEIROS ANOS DE VIDA, A CRIANÇA DEPENDE DOS CUIDADOS DE ADULTOS PARA SOBREVIVER. DEPOIS ELA VAI SE TORNANDO MAIS INDEPENDENTE, MAS AINDA NECESSITA DE ORIENTAÇÃO PARA CRESCER E SE DESENVOLVER COM SAÚDE E SEGURANÇA.

1. MARQUE UM **X** NAS CENAS QUE MOSTRAM SITUAÇÕES QUE AUXILIAM O DESENVOLVIMENTO DAS CRIANÇAS.

ALGUMAS PESSOAS DEPENDEM TOTALMENTE DA AJUDA DE ALGUÉM PARA RECEBER CUIDADOS BÁSICOS, COMO ALIMENTAÇÃO E HIGIENE.

A DIVERSIDADE

HÁ MUITAS SEMELHANÇAS ENTRE AS PESSOAS. E TAMBÉM HÁ DIFERENÇAS. ISSO SE CHAMA DIVERSIDADE.

A PALAVRA **DIVERSIDADE** QUER DIZER "VARIEDADE". QUANDO DIZEMOS QUE ENTRE AS PESSOAS HÁ MUITA DIVERSIDADE, SIGNIFICA QUE HÁ VÁRIOS TIPOS FÍSICOS E JEITOS DE AGIR E DE PENSAR.

IMAGINE SE TODAS AS PESSOAS TIVESSEM A MESMA ALTURA, POR EXEMPLO. QUEM SERIA O CESTINHA DO TIME DE BASQUETE? E QUEM SE ESCONDERIA EM QUALQUER CANTO NA BRINCADEIRA DE PIQUE-ESCONDE?

TODOS SÃO IGUALMENTE IMPORTANTES, SEJA QUAL FOR SUA CARACTERÍSTICA FÍSICA.

A DIVERSIDADE ENTRE AS PESSOAS TAMBÉM É **CULTURAL**. NEM TODO MUNDO TEM COSTUMES IGUAIS, USA OS MESMOS TIPOS DE ROUPA, COME OS MESMOS ALIMENTOS OU SEGUE A MESMA RELIGIÃO.

AS DIFERENÇAS ENTRE OS SERES HUMANOS DEVEM SER VALORIZADAS E RESPEITADAS, POIS CADA INDIVÍDUO É ÚNICO E ESPECIAL. PRECISAMOS ADMIRAR AS PESSOAS PELO QUE ELAS SÃO E SEMPRE CUIDAR UNS DOS OUTROS.

PARA CRESCER COM SAÚDE

DIVERSAS ATITUDES SÃO IMPORTANTES PARA TER UMA VIDA SAUDÁVEL. A PARÓDIA A SEGUIR MOSTRA ALGUMAS DELAS.

1. CANTE COM OS COLEGAS E O PROFESSOR.

COMO VIVE UM SER HUMANO
SEM TER ÁGUA PRA BEBER?
COMO VIVE UM SER HUMANO
SEM TER ÁGUA PRA BEBER?

COMO PODEREI VIVER?
COMO PODEREI VIVER?
SEM TER ÁGUA, SEM TER ÁGUA,
SEM TER ÁGUA PRA BEBER.
SEM TER ÁGUA, SEM TER ÁGUA,
SEM TER ÁGUA PRA BEBER.

COMO VIVE UM SER HUMANO
SEM DESCANSO E SEM LAZER?
COMO VIVE UM SER HUMANO
SEM DESCANSO E SEM LAZER?

COMO PODEREI VIVER?
COMO PODEREI VIVER?
SEM TER TEMPO, SEM TER TEMPO
DE DESCANSO E DE LAZER.
SEM TER TEMPO, SEM TER TEMPO
DE DESCANSO E DE LAZER.

PARÓDIA ELABORADA PELAS AUTORAS. (MELODIA: PEIXE VIVO.)

- A PARÓDIA APRESENTA TRÊS CUIDADOS NECESSÁRIOS PARA A SAÚDE DOS SERES HUMANOS. QUAIS SÃO ELES? COMENTE.

2. PINTE AS CENAS A SEGUIR. ELAS MOSTRAM AÇÕES IMPORTANTES PARA A MANUTENÇÃO DA SAÚDE.

- AGORA ESCREVA, NOS QUADRINHOS ACIMA DAS IMAGENS, UM TÍTULO PARA CADA AÇÃO.

ALIMENTAÇÃO E HIGIENE

NA ATIVIDADE ANTERIOR, VOCÊ PINTOU CENAS QUE DESTACAVAM A IMPORTÂNCIA DA ALIMENTAÇÃO E DOS BONS HÁBITOS DE HIGIENE PARA A MANUTENÇÃO DA SAÚDE.

TER UMA DIETA VARIADA E EVITAR ALIMENTOS INDUSTRIALIZADOS, COMO BOLACHAS RECHEADAS E SUCOS PRONTOS, SÃO ATITUDES RELACIONADAS À ALIMENTAÇÃO SAUDÁVEL.

1. COMO É SUA ALIMENTAÇÃO? VOCÊ COME UM POUCO DE TUDO? CONTE PARA OS COLEGAS E O PROFESSOR.

2. LAVAR O ROSTO AO SE LEVANTAR PARA LIMPAR OS OLHOS E O NARIZ, ESCOVAR OS DENTES ASSIM QUE ACORDAR E APÓS AS REFEIÇÕES E LAVAR AS MÃOS APÓS USAR O BANHEIRO SÃO BONS HÁBITOS DE HIGIENE QUE TODOS DEVEM ADOTAR.
   - O QUE ESSES HÁBITOS TÊM A VER COM SAÚDE? CONTE SUAS IDEIAS PARA OS COLEGAS E O PROFESSOR.

3. A IMAGEM A SEGUIR MOSTRA DE FORMA DIVERTIDA COMO ESTÃO OS DENTES DE UMA CRIANÇA. CONVERSE COM OS COLEGAS E O PROFESSOR SOBRE AS SEGUINTES QUESTÕES:
   - ESSES DENTES ESTÃO SENDO ESCOVADOS? POR QUÊ?
   - O QUE ACONTECERÁ COM ELES SE PERMANECEREM ASSIM?

ALÉM DE LAVAR AS MÃOS QUANDO SE USA O BANHEIRO, TAMBÉM É IMPORTANTE FAZER ISSO QUANDO SE CHEGA DA RUA. POR QUÊ?

4. OBSERVE AO LADO UM CARTAZ DE CAMPANHA FEITO PELO GOVERNO. COM O PROFESSOR, LEIA O QUE ELE DIZ E RESPONDA:

- QUAL É A RELAÇÃO ENTRE A "DUPLA ÁGUA E SABÃO" E SAÚDE? CONTE SUAS IDEIAS PARA OS COLEGAS E O PROFESSOR, DEPOIS, ESCREVAM A RESPOSTA.

_____

_____

AS CRIATURAS AZUIS DA PÁGINA ANTERIOR E O BICHO DESENHADO NA MÃO ACIMA REPRESENTAM SERES CAUSADORES DE DOENÇAS. ELES PODEM SER ELIMINADOS COM OS BONS HÁBITOS DE HIGIENE – NESSES CASOS, ESCOVAR OS DENTES E LAVAR AS MÃOS.

É IMPORTANTE ESCOVAR OS DENTES E LAVAR AS MÃOS.

PARA SABER MAIS

OS CUIDADOS COM AS CRIANÇAS E OS JOVENS SÃO TÃO IMPORTANTES, QUE EXISTE UM CONJUNTO DE LEIS PARA REGULAMENTÁ-LOS. ESSE CONJUNTO DE LEIS CHAMA-SE **ESTATUTO DA CRIANÇA E DO ADOLESCENTE**.

COMO TODO CIDADÃO, ALÉM DESSES DIREITOS, AS CRIANÇAS TÊM **DEVERES**, QUE SÃO AS OBRIGAÇÕES DE TODAS AS PESSOAS QUE FAZEM PARTE DE UM GRUPO. VEJA ALGUNS EXEMPLOS:

AUXILIAR NAS TAREFAS DO LOCAL ONDE MORA.

RESPEITAR E AJUDAR AS PESSOAS.

CUMPRIR AS OBRIGAÇÕES ESCOLARES.

ATIVIDADES

1. O QUE VOCÊ FAZ DIARIAMENTE PARA MANTER A HIGIENE? MARQUE COM **X** UM OU MAIS QUADRINHOS, DE ACORDO COM SUA ROTINA.

- EU ESCOVO OS DENTES:

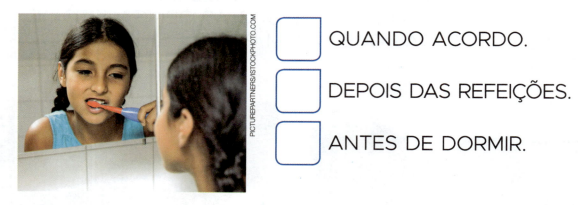

☐ QUANDO ACORDO.

☐ DEPOIS DAS REFEIÇÕES.

☐ ANTES DE DORMIR.

- EU TOMO BANHO:

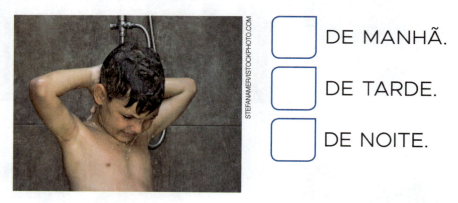

☐ DE MANHÃ.

☐ DE TARDE.

☐ DE NOITE.

- EU LAVO AS MÃOS:

☐ QUANDO ESTÃO SUJAS.

☐ ANTES DAS REFEIÇÕES.

☐ DEPOIS DE USAR O BANHEIRO.

O QUE ESTUDAMOS

- AS PESSOAS TÊM MUITAS CARACTERÍSTICAS SEMELHANTES. MAS, POR CAUSA DAS DIFERENÇAS, CADA SER HUMANO É ÚNICO.
- O CORPO HUMANO PODE SER DIVIDIDO EM CABEÇA, TRONCO E MEMBROS.
- CADA PARTE DO CORPO TEM UM NOME.
- PARA CRESCER COM SAÚDE, É PRECISO CUIDAR DA ALIMENTAÇÃO, RESERVAR MOMENTOS PARA ATIVIDADES FÍSICAS, LAZER E DESCANSO, E MANTER BONS HÁBITOS DE HIGIENE.
- LAVAR AS MÃOS E ESCOVAR OS DENTES SÃO HÁBITOS QUE AJUDAM A PREVENIR DOENÇAS.

BRINCAR TAMBÉM É IMPORTANTE PARA TER UMA VIDA SAUDÁVEL.

RETOMADA

1. OS ALUNOS DO 1º ANO ESTÃO BRINCANDO NO RECREIO. ANDRÉ ESTÁ COM A BOLA.

- CIRCULE A CABEÇA DE ANDRÉ.
- FAÇA UM **X** EM SEU TÓRAX.
- INDIQUE O JOELHO ESQUERDO COM UMA SETA.

2. AGORA COMPLETE AS FRASES.

- O CORPO HUMANO PODE SER DIVIDIDO EM _____, _____ E _____.

- O _____ LIGA A CABEÇA AO TRONCO.

- NO _____ ESTÃO O TÓRAX E O ABDOME.

3. ENCONTRE NO DIAGRAMA AS PALAVRAS DO QUADRO.

DESCANSO   LAZER   ALIMENTOS

HIGIENE   VIDA

```
T E V I D A L F Q A L O T U
W H I G I E N E U S N E J P
U M E N I T H U O T J N G E
P F G B O A L I M E N T O S
S D Z A O R U Y R O Q L D A
E M N X M X A U K Y E C V S
O O A U P O D X Y F J P Z E
I L U D E S C A N S O V V B
S R E U G D R V W J S Y C W
A Y P Y K V W O E U V D D H
V U C V V I Z E T J E O E Y
B I P U Q B O Y A W C A L E
V A I X O G P Z O Y E B J Q
L A Z E R O U C G Y Z V Z Q
```

AGORA COMPLETE A FRASE COM AS PALAVRAS QUE VOCÊ ENCONTROU NO DIAGRAMA.

- ALGUMAS PRÁTICAS PARA MANTER UMA

_____ SAUDÁVEL SÃO: CONSUMIR

_____ SAUDÁVEIS, FAZER ATIVIDADE

FÍSICA, TER _____, _____

E BONS HÁBITOS DE _____.

PERISCÓPIO

📖 PARA LER

A CESTA DE DONA MARICOTA, DE TATIANA BELINKY. SÃO PAULO: PAULINAS, 2012.

O LIVRO MOSTRA AS VANTAGENS NUTRITIVAS DE COMER VERDURAS, FRUTAS E LEGUMES.

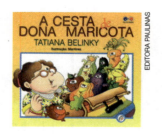

ARMANDO E AS DIFERENÇAS, DE MÔNICA GUTTMANN. SÃO PAULO: PAULUS, 2008.

O LIVRO TRATA DAS DIFERENÇAS ENTRE OS SERES HUMANOS MOSTRANDO QUE TODOS NÓS TEMOS DIREITOS IGUAIS E QUE ELES DEVEM SER RESPEITADOS.

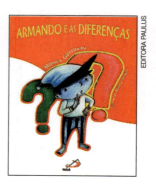

NINGUÉM É IGUAL A VOCÊ! DE ANDREA PINTO FILIPECKI. SÃO PAULO: MAUAD, 2008.

É BOM SABER DESDE CEDO QUE A INDIVIDUALIDADE É UMA FORMA DE RESPEITO E APRENDIZADO DE SI E DO OUTRO. LEIA E DESCUBRA!

POR QUE DEVO ME LAVAR?, DE CLAIRE LLEWELLYN. SÃO PAULO: SCIPIONE, 2002.

ESSE LIVRO EXPLICA A IMPORTÂNCIA DA HIGIENE PESSOAL.

UNIDADE 2 — OS SENTIDOS

VAMOS BRINCAR DE **JOGO DA MEMÓRIA**? ANTES DE COMEÇAR O JOGO, LEIAM AS REGRAS.

1. RECORTE AS CARTAS DA PÁGINA 93, **DO MATERIAL COMPLEMENTAR**, E CONVIDE UM OU MAIS COLEGAS PARA BRINCAR.
2. EMBARALHEM AS CARTAS.
3. ARRUMEM AS CARTAS NA MESA COM AS FIGURAS VOLTADAS PARA BAIXO.
4. SORTEIEM QUEM SERÁ O PRIMEIRO A JOGAR.
5. O JOGADOR DEVE VIRAR DUAS CARTAS E VER SE ELAS FORMAM PAR. SE FORMAREM UM PAR, ELE FICA COM AS CARTAS E JOGA NOVAMENTE. SE NÃO FORMAREM PAR, COLOCA AS CARTAS NA MESA, COMO ESTAVAM, E PASSA A VEZ AO OUTRO JOGADOR.

PERCEBER O MUNDO

AS PESSOAS PERCEBEM O QUE ESTÁ AO REDOR DELAS DE VÁRIAS MANEIRAS: ELAS ENXERGAM AS OUTRAS PESSOAS E OS OBJETOS, TOCAM NELES, OUVEM SONS E SENTEM CHEIROS E GOSTOS.

PENSE E CONVERSE

- QUE PARTES DO CORPO VOCÊ USA PARA VER, OUVIR E SENTIR OS CHEIROS E OS GOSTOS?
- IMAGINE QUE HÁ UMA BOLA NA SUA FRENTE. VOCÊ CONSEGUIRIA SENTI-LA SE TOCASSE NELA COM QUALQUER PARTE DO CORPO? COMENTE SUAS IDEIAS COM OS COLEGAS E O PROFESSOR.

ESTES MACACOS FAZEM PARTE DA CULTURA JAPONESA. ELES SÃO CHAMADOS DE MACACOS SÁBIOS.

OS TRÊS MACACOS SÁBIOS DA CULTURA JAPONESA.

1. O MACACO **1** NÃO FALA. E OS DEMAIS? COMPLETE:

   • O MACACO **2** NÃO ESTÁ _____ PORQUE ELE ESTÁ COM OS _____ TAPADOS.

   • O MACACO **3** NÃO PODE _____ PORQUE ELE ESTÁ COM AS _____ TAPADAS.

2. PARA VER, OUVIR, SENTIR CHEIROS E GOSTOS E TOCAR EM ALGO, AS PESSOAS USAM OS **SENTIDOS**. VOCÊ SABE QUAIS SÃO ELES? COMPLETE AS PALAVRAS ABAIXO COM AS LETRAS QUE FALTAM E DESCUBRA O NOME DOS SENTIDOS.

   V____SÃO   ____UDIÇÃO   OLFA____O

   PA____ADAR   TA____O

   TENTE FALAR SEM MEXER A LÍNGUA. DIFÍCIL, NÃO É? A LÍNGUA É IMPORTANTE PARA A FALA. ELA TAMBÉM PERMITE QUE SE SINTA O GOSTO DAS COISAS.

OS SENTIDOS NO DIA A DIA

VOCÊ JÁ SABE QUE PERCEBEMOS O QUE ACONTECE AO NOSSO REDOR PELOS CINCO SENTIDOS: AUDIÇÃO, OLFATO, PALADAR (OU GUSTAÇÃO), TATO E VISÃO. QUER VER COMO ISSO OCORRE? ACOMPANHE A LEITURA DO PROFESSOR.

TIA JÚLIA RESOLVEU ESTOURAR MILHO DE PIPOCA E FAZER UMA SURPRESA AOS SOBRINHOS. VEJA O QUE ACONTECEU.

1. SE A MENINA ESTAVA NA SALA, COMO ELA DESCOBRIU QUE A TIA ESTAVA FAZENDO PIPOCA?

32

2. ANTES DE SABOREAR UMA PIPOCA QUENTINHA, OUVIMOS O BARULHO DO MILHO ESTOURANDO E SENTIMOS O CHEIRO DELE. ESSAS PERCEPÇÕES ESTÃO RELACIONADAS MAIS DIRETAMENTE A UMA PARTE DO CORPO. O BARULHO É O ESTÍMULO PERCEBIDO PELAS ORELHAS. E OS DEMAIS ÓRGÃOS, QUE ESTÍMULOS PERCEBEM? OBSERVE O EXEMPLO E CONTINUE.

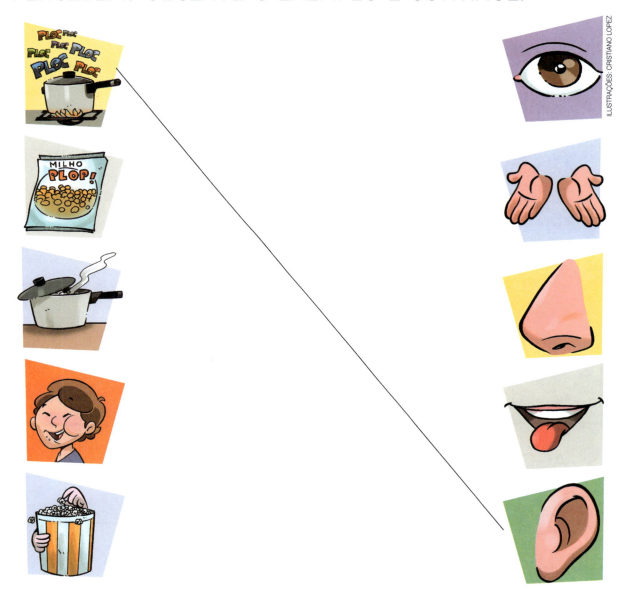

É POSSÍVEL VER, OUVIR, TOCAR NOS ALIMENTOS OU OBJETOS E SENTIR CHEIROS E GOSTOS. OS **ÓRGÃOS DOS SENTIDOS** SÃO AS PARTES DO CORPO RESPONSÁVEIS PELA PERCEPÇÃO DOS DIFERENTES ESTÍMULOS.

VOCÊ E... OS SENTIDOS

1. PENSE NO QUE VOCÊ PERCEBE LOGO QUE ACORDA.

DESENHE A PRIMEIRA COISA QUE VOCÊ:

VÊ	ESCUTA

AGORA ESCREVA COMO SOUBER:

- A PRIMEIRA COISA QUE TOCO É _____.

- O PRIMEIRO CHEIRO QUE SINTO É _____.

- O PRIMEIRO GOSTO QUE SINTO É _____.

2. CONTE AOS COLEGAS E AO PROFESSOR O QUE SEUS SENTIDOS PERCEBEM ASSIM QUE VOCÊ ACORDA.

34

LEIO E COMPREENDO

LEGENDAS

AS LEGENDAS SÃO TEXTOS QUE ACOMPANHAM IMAGENS, DESCREVENDO-AS OU DANDO MAIS INFORMAÇÕES SOBRE ELAS.

JOÃO DANDO SEUS PRIMEIROS PASSOS.

O MORCEGO É UM ANIMAL MAIS ATIVO DURANTE A NOITE.

1. OBSERVE A LEGENDA DAS IMAGENS E CONVERSE COM OS COLEGAS E O PROFESSOR SOBRE AS INFORMAÇÕES OBTIDAS POR MEIO DELAS. EM SEGUIDA, ESCREVA AS CONCLUSÕES A QUE VOCÊS CHEGARAM.

_____

_____

_____

2. OBSERVE OUTRAS IMAGENS DE SEU LIVRO E LEIA AS LEGENDAS DESTACANDO AS INFORMAÇÕES QUE ELAS TRAZEM.

TAMBÉM QUERO FAZER

QUAL É A FRUTA?

VOCÊ CONHECE A BRINCADEIRA **QUAL É A FRUTA?** PARA DESCOBRIR E BRINCAR, FIQUE ATENTO ÀS ORIENTAÇÕES DO PROFESSOR.

MATERIAL:
- 1 CAIXA DE PAPELÃO;
- 5 FRUTAS HIGIENIZADAS;
- LENÇOS PARA VENDAR OS OLHOS;
- 1 FACA (SERÁ USADA APENAS PELO PROFESSOR).

MODO DE FAZER – 1ª PARTE

1. O PROFESSOR ORGANIZARÁ A TURMA EM GRUPOS.
2. DE OLHOS VENDADOS, UM DOS ALUNOS DEVE RETIRAR UMA FRUTA DA CAIXA. OS DEMAIS INTEGRANTES DO GRUPO PERGUNTAM A ELE: "QUAL É A FRUTA?". O ALUNO DEVE TENTAR DESCOBRIR QUAL É ESSA FRUTA.

3. O PROFESSOR CHAMARÁ OUTRO ALUNO, DE FORMA QUE TODOS PARTICIPEM.

MODO DE FAZER – 2ª PARTE

1. AGORA UM ALUNO DO GRUPO SERÁ VENDADO E TAPARÁ O NARIZ COM AS MÃOS.

2. EM SEGUIDA, O PROFESSOR DARÁ A ELE O PEDAÇO DE UMA FRUTA PARA PROVAR. OS DEMAIS INTEGRANTES DO GRUPO PERGUNTARÃO AO QUE PROVOU A FRUTA: "QUAL É A FRUTA?". O ALUNO DEVE TENTAR DESCOBRIR.

3. O PROCESSO DEVE SER REPETIDO, MAS SEM O ALUNO TAPAR O NARIZ.

4. EM SEGUIDA, O PROFESSOR CHAMARÁ OUTRO ALUNO, PARA QUE TODOS PARTICIPEM.

CONCLUSÃO

1. NA 1ª PARTE, QUAIS SENTIDOS AJUDARAM OS ALUNOS A RECONHECER AS FRUTAS?

   _____

2. NA 2ª PARTE COM O NARIZ TAPADO, QUAL SENTIDO OS AJUDOU A RECONHECER AS FRUTAS?

   _____

3. NESSA ATIVIDADE, EM QUAL DAS DUAS SITUAÇÕES FOI MAIS FÁCIL IDENTIFICAR A FRUTA? POR QUÊ? COMENTE SUAS IDEIAS PARA OS COLEGAS E O PROFESSOR.

TAMBÉM QUERO FAZER

JOGO DA MEMÓRIA SONORO

QUE TAL TREINAR SUA MEMÓRIA AUDITIVA? POIS É, ASSIM COMO RECORDAMOS IMAGENS, CHEIROS E GOSTOS, TAMBÉM LEMBRAMOS DE SONS.

MATERIAL:
- 12 GARRAFINHAS DE BEBIDA LÁCTEA VAZIAS E LIMPAS;
- 12 BALÕES DE FESTA DE UMA SÓ COR;
- TESOURA SEM PONTA;
- MATERIAIS PARA FAZER SOM. EXEMPLOS: PEDRINHAS, CONCHAS, AREIA, MIÇANGAS, TAMPINHAS DE GARRAFA.

MODO DE FAZER
1. ENCHA AS GARRAFINHAS, DUAS A DUAS, FORMANDO PARES COM QUANTIDADES IGUAIS DO MESMO MATERIAL.
2. CORTE AS PONTAS DOS BALÕES.

CUIDADO AO MANUSEAR A TESOURA.

3. ENCAPE AS GARRAFINHAS COM OS BALÕES PARA ESCONDER O QUE HÁ DENTRO DELAS.

4. ORGANIZE AS GARRAFAS EM TRÊS LINHAS E QUATRO COLUNAS.

5. CADA JOGADOR DEVE PEGAR UMA GARRAFINHA, SACUDI-LA E OUVIR O SOM. EM SEGUIDA, DEVE TENTAR ACHAR A OUTRA GARRAFINHA QUE FAZ O MESMO SOM. SE ACERTAR, FICA COM O PAR DE GARRAFINHAS. SE ERRAR, COLOCA-AS NO LUGAR EM QUE ESTAVAM.

6. QUEM FORMAR MAIS PARES, ORGANIZA AS GARRAFINHAS PARA A PRÓXIMA RODADA.

CONCLUSÃO

1. DE QUAL MATERIAL FOI MAIS FÁCIL DESCOBRIR O SOM QUE PROVOCA? E DE QUAL FOI MAIS DIFÍCIL?

2. QUAL FOI O SENTIDO QUE POSSIBILITOU DESCOBRIR O MATERIAL QUE ESTAVA DENTRO DAS GARRAFINHAS?

OS ÓRGÃOS DOS SENTIDOS PODEM PROTEGER VOCÊ

VOCÊ JÁ VIU QUE É COM OS SENTIDOS QUE PERCEBEMOS DIVERSAS INFORMAÇÕES DO AMBIENTE. POR ISSO PODEMOS ESCOLHER, POR EXEMPLO, UM ALIMENTO QUE CHEIRA BEM. MAS OS SENTIDOS TAMBÉM SÃO NECESSÁRIOS PARA NOS PROTEGER DE PERIGOS.

1. OBSERVE AS IMAGENS. QUAL SENTIDO É O MAIS USADO EM CADA SITUAÇÃO?

- UTILIZANDO A _____, TALITA NOTOU O PERIGO E SALVOU O IRMÃO DE UM ACIDENTE.

- AO USAR O _____, MARIA SENTIU CHEIRO DE FUMAÇA. SERÁ QUE ESTÁ ACONTECENDO UM INCÊNDIO NAQUELE LOCAL?

- COM O _____, LUÍS SENTE A PONTA FINA DA TESOURA E TOMA CUIDADO PARA NÃO SE MACHUCAR.

- FERNANDO OUVIU UM CHAMADO DE AJUDA POR MEIO DA _____.

2. QUE ESTÍMULOS FORAM PERCEBIDOS PELOS ÓRGÃOS DOS SENTIDOS EM CADA CASO? CONTE PARA OS COLEGAS E O PROFESSOR.

CUIDADOS COM OS ÓRGÃOS DOS SENTIDOS

OS ÓRGÃOS DOS SENTIDOS NECESSITAM DE CUIDADOS. MANTÊ-LOS LIMPOS É FUNDAMENTAL, MAS TAMBÉM SÃO NECESSÁRIAS OUTRAS ATITUDES. ACOMPANHE AS RECOMENDAÇÕES A SEGUIR.

- EVITE TOCAR OS OLHOS, ELES SÃO MUITO SENSÍVEIS.
- NUNCA OLHE DIRETAMENTE PARA O SOL, POIS O EXCESSO DE LUZ PODE PREJUDICAR OS OLHOS.
- O SOL TAMBÉM PODE DANIFICAR A PELE; PARA EVITAR QUEIMADURAS USE PROTETOR SOLAR ADEQUADO AO SEU TIPO DE PELE.
- NUNCA MANUSEIE OBJETOS CORTANTES, POIS ELES PODEM CAUSAR ACIDENTES E FERIR GRAVEMENTE A PELE.

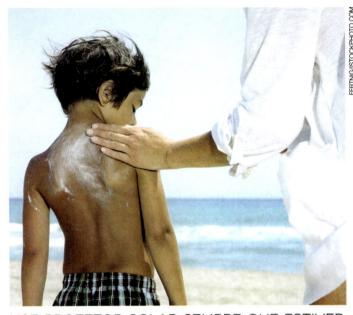

USE PROTETOR SOLAR SEMPRE QUE ESTIVER EXPOSTO AO SOL.

- NÃO INTRODUZA OBJETOS NAS ORELHAS. LIMPE-AS APENAS EXTERNAMENTE USANDO UMA TOALHA MACIA.
- NÃO COLOQUE OBJETOS NO NARIZ E MANTENHA AS NARINAS LIMPAS, ASSOANDO-AS SEMPRE COM LENÇOS DE PAPEL.
- CUIDADO COM ALIMENTOS QUENTES, ELES PODEM QUEIMAR SUA LÍNGUA.

PROBLEMAS DA VISÃO

MUITOS PROBLEMAS VISUAIS, COMO A DIFICULDADE PARA LER LETRAS PEQUENAS, SÃO RESOLVIDOS COM O USO DE ÓCULOS. OUTROS PROBLEMAS, COMO BAIXA VISÃO SEVERA OU CEGUEIRA, NECESSITAM DE CUIDADOS DIFERENTES.

OS CEGOS NÃO TÊM VISÃO, MAS USAM OS DEMAIS SENTIDOS PARA PERCEBER O AMBIENTE E INTERAGIR COM ELE.

BENGALAS E CÃES-GUIA AUXILIAM CEGOS NA LOCOMOÇÃO.

USANDO O TATO, OS CEGOS LEEM LIVROS ESCRITOS EM BRAILE.

PARA QUE AS PESSOAS COM DEFICIÊNCIA VISUAL TENHAM INDEPENDÊNCIA E CIRCULEM PELOS ESPAÇOS PÚBLICOS COM SEGURANÇA, É IMPORTANTE QUE OS LUGARES SEJAM ACESSÍVEIS, OU SEJA, FORNEÇAM CONDIÇÕES NECESSÁRIAS PARA ELAS SE LOCOMOVEREM. VEJA ALGUNS EXEMPLOS.

  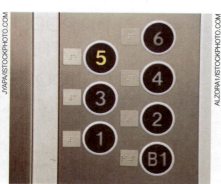

SEMÁFOROS SONOROS, CALÇADAS COM PISOS TÁTEIS E ORIENTAÇÕES EM BRAILE AJUDAM NA ORIENTAÇÃO DE PESSOAS CEGAS.

PROBLEMAS DA AUDIÇÃO

A SURDEZ AFETA A VIDA DAS PESSOAS DE DIFERENTES FORMAS. ALGUMAS PESSOAS NASCEM SURDAS, OUTRAS PERDEM A AUDIÇÃO COM O TEMPO OU EM ACIDENTES.

AMPLIFICAR: AUMENTAR O VOLUME.

NOS CASOS EM QUE A SURDEZ NÃO É TOTAL, É POSSÍVEL USAR APARELHOS AUDITIVOS. ELES **AMPLIFICAM** O SOM DO AMBIENTE E POSSIBILITAM ESCUTAR MELHOR.

OS SURDOS PODEM UTILIZAR A VISÃO PARA LER OS LÁBIOS DAS PESSOAS E COMPREENDER O QUE ELAS DIZEM. TAMBÉM HÁ A LÍNGUA BRASILEIRA DE SINAIS, LIBRAS, QUE É MUITO USADA NA COMUNICAÇÃO ENTRE SURDOS E ENTRE SURDOS E PESSOAS NÃO SURDAS.

ALUNA E PROFESSORA SE COMUNICANDO POR LIBRAS.

1. VOCÊ JÁ VIU ALGUÉM SE COMUNICAR USANDO A LÍNGUA BRASILEIRA DE SINAIS? COMENTE COM OS COLEGAS E O PROFESSOR.

2. O QUE VOCÊ ACHA DE APRENDER LIBRAS E COMUNICAR-SE COM DEFICIENTES AUDITIVOS?

# GIRAMUNDO

IMAGENS EM MOVIMENTO

O CINEMA QUE CONHECEMOS ATUALMENTE PASSOU POR INÚMERAS INOVAÇÕES NO DECORRER DO TEMPO.

1. VOCÊ JÁ FOI AO CINEMA? A QUE FILME ASSISTIU?

2. SERÁ QUE OS FILMES SEMPRE FORAM COLORIDOS? COMO VOCÊ IMAGINA QUE ERAM OS PRIMEIROS FILMES?

NO INÍCIO ERAM SÓ IMAGENS...

[...]

OS PRIMEIROS FILMES CONHECIDOS PELO PÚBLICO ERAM SEM NENHUM SOM, O CHAMADO **CINEMA MUDO**. NA VERDADE, ERAM DOCUMENTÁRIOS, POIS TINHAM A DURAÇÃO DE NO MÁXIMO DOIS MINUTOS, TODOS BASEADOS EM CENAS DO COTIDIANO, COMO, POR EXEMPLO, A CHEGADA DO TREM NA ESTAÇÃO, O ALMOÇO DO BEBÊ E CENAS NO MAR.

CHARLES CHAPLIN FOI UMA FIGURA MARCANTE NO CINEMA MUDO. [...]

SMARTKIDS. DISPONÍVEL EM: <www.smartkids.com.br/trabalho/cinema>. ACESSO EM: 1 AGO. 2017.

CHARLES CHAPLIN NO FILME *EM BUSCA DO OURO*, LANÇADO EM 1925.

A PARTIR DAÍ, A DURAÇÃO E OS TIPOS DE FILMES AUMENTARAM MUITO. ALÉM DE FALADOS, ELES PASSARAM A SER COLORIDOS.

O CINEMA QUE CONHECEMOS HOJE PASSOU POR INÚMERAS INOVAÇÕES. ATUALMENTE HÁ O CINEMA EM 3-D (3ª DIMENSÃO). NELE AS IMAGENS PARECEM ESTAR ALÉM DA TELA.

A BRANCA DE NEVE E OS SETE ANÕES, LANÇADO EM 1937, FOI O PRIMEIRO LONGA-METRAGEM DE ANIMAÇÃO TOTALMENTE EM CORES DO MUNDO.

PARA ASSISTIR A UM FILME EM 3-D É PRECISO USAR ÓCULOS ESPECIAIS.

3. VOCÊ JÁ OUVIU FALAR EM CINEMA 3-D? JÁ ASSISTIU A UM FILME DESSE TIPO?

4. ENTRE OS FILMES A QUE ASSISTIU NO CINEMA, DE QUAL GOSTOU MAIS? POR QUÊ? CONTE AOS COLEGAS E AO PROFESSOR.

O QUE VOCÊ PREFERE?

VOCÊ JÁ VIU QUE É POR MEIO DOS SENTIDOS QUE EXPERIMENTAMOS DIVERSAS SENSAÇÕES.

AS SENSAÇÕES PODEM SER CONSIDERADAS BOAS OU RUINS. ISSO VARIA DE PESSOA PARA PESSOA E PODE MODIFICAR AO LONGO DA VIDA. VAMOS VER DO QUE VOCÊ GOSTA OU NÃO GOSTA ATUALMENTE.

1. COM BASE NO SENTIDO DESTACADO EM CADA QUADRO, COMPLETE O DESENHO DE ACORDO COM A LEGENDA.

 GOSTO  NÃO GOSTO

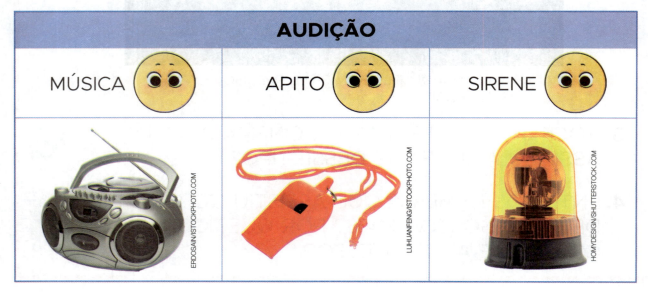

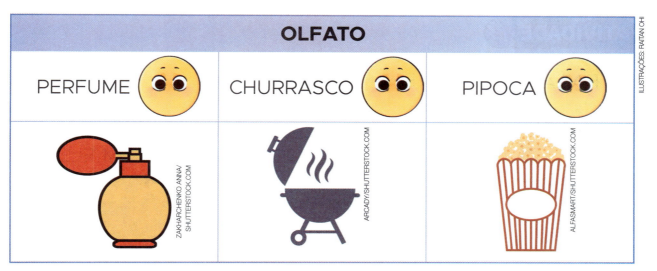

2. COMPARE SUA ATIVIDADE COM A DE UM COLEGA E RESPONDA: VOCÊS TÊM AS MESMAS PREFERÊNCIAS?

1. FAÇA COMO NO EXEMPLO ABAIXO.

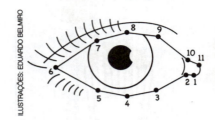

OS **OLHOS** SÃO RESPONSÁVEIS PELO SENTIDO DA **VISÃO**, COM ELES EU POSSO **ENXERGAR/VER**.

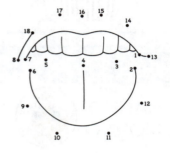

A _____ É RESPONSÁVEL PELO SENTIDO DO _____, COM ELA EU POSSO SENTIR O _____.

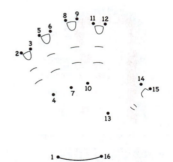

A _____ É RESPONSÁVEL PELO SENTIDO DO _____, COM ELA EU POSSO SENTIR O _____.

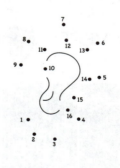

AS _____ SÃO RESPONSÁVEIS PELO SENTIDO DA _____, COM ELAS EU POSSO _____.

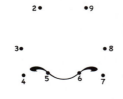

O _____ É RESPONSÁVEL PELO SENTIDO DO _____, COM ELE EU POSSO SENTIR _____.

O QUE ESTUDAMOS

- PARA PERCEBER O AMBIENTE E INTERAGIR COM ELE, OS SERES HUMANOS USAM OS CINCO SENTIDOS.
- CADA ESTÍMULO É PERCEBIDO POR UM ÓRGÃO: OLHOS, ORELHAS, PELE, LÍNGUA E NARIZ.
- É PRECISO TER CUIDADO COM OS ÓRGÃOS DOS SENTIDOS E MANTÊ-LOS LIMPOS.
- SOBREVIVEMOS POR CAUSA DOS SENTIDOS. É COM ELES QUE ENCONTRAMOS ABRIGO, ALIMENTO E NOS PROTEGEMOS DOS PERIGOS.
- SURDOS SÃO PESSOAS COM DEFICIÊNCIA AUDITIVA E CEGOS SÃO PESSOAS COM DEFICIÊNCIA VISUAL. NOS DOIS CASOS, OUTROS SENTIDOS AUXILIAM ESSAS PESSOAS NO DIA A DIA.
- TODA A SOCIEDADE DEVE SE EMPENHAR PARA TORNAR OS LUGARES DAS CIDADES ACESSÍVEIS ÀS PESSOAS COM DEFICIÊNCIA.

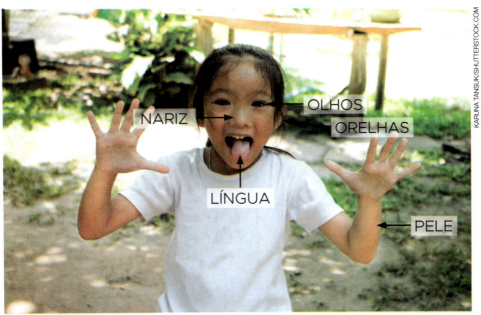

OS CINCO ÓRGÃOS DOS SENTIDOS.

RETOMADA

1. CANTE A PARÓDIA COM OS COLEGAS E O PROFESSOR, FAZENDO OS GESTOS INDICADOS NOS VERSOS.

A VISÃO, A VISÃO,
ONDE ESTÁ? AQUI ESTÁ.
ELA NOS AJUDA A CONHECER O MUNDO,
A ENXERGAR, A ENXERGAR.

PALADAR, PALADAR,
ONDE ESTÁ? AQUI ESTÁ.
ELE NOS AJUDA A CONHECER O MUNDO,
A DEGUSTAR, A DEGUSTAR.

O OLFATO, O OLFATO,
ONDE ESTÁ? AQUI ESTÁ.
ELE NOS AJUDA A CONHECER O MUNDO,
A CHEIRAR, A CHEIRAR.

E O TATO, E O TATO,
ONDE ESTÁ? AQUI ESTÁ.
ELE NOS AJUDA A CONHECER O MUNDO
AO TOCAR, AO TOCAR.

AUDIÇÃO, AUDIÇÃO,
ONDE ESTÁ? AQUI ESTÁ.
ELA NOS AJUDA A CONHECER O MUNDO,
A ESCUTAR, A ESCUTAR.

PARÓDIA ELABORADA PELAS AUTORAS.
(MELODIA: POLEGARES.)

2. PINTE NA PARÓDIA O NOME DOS CINCO SENTIDOS. DEPOIS CIRCULE A PERCEPÇÃO QUE ESTE SENTIDO PROPORCIONA.

3. CRIE UM TÍTULO PARA A PARÓDIA.

_____

4. LIGUE O NOME DOS SENTIDOS AO NOME DOS ÓRGÃOS CORRESPONDENTES.

- VISÃO   PELE

- PALADAR   ORELHAS

- OLFATO   OLHOS

- TATO   LÍNGUA

- AUDIÇÃO   NARIZ

51

CONSTRUIR UM MUNDO MELHOR

A MELHOR ESCOLA É A ESCOLA ACESSÍVEL

AS PESSOAS COM DEFICIÊNCIA TÊM O DIREITO E A NECESSIDADE DE FREQUENTAR TODOS OS LUGARES. PARA ISSO, ALGUMAS ADAPTAÇÕES NOS AMBIENTES SÃO NECESSÁRIAS.

SERÁ QUE SUA ESCOLA É ADEQUADA PARA RECEBER PESSOAS CEGAS OU SURDAS? E NO CASO DE PESSOAS COM OUTROS TIPOS DE DEFICIÊNCIA, COMO DIFICULDADE DE LOCOMOÇÃO, SERÁ QUE O AMBIENTE ESTÁ ADEQUADO?

VAMOS INVESTIGAR ISSO, PORQUE UMA ESCOLA INCLUSIVA DEVE SER ACESSÍVEL A TODOS!

DIREITO À EDUCAÇÃO INCLUSIVA – POR UMA ESCOLA E UM MUNDO PARA TODOS. TEMA DA 12ª SEMANA DE AÇÃO MUNDIAL, REALIZADA EM SETEMBRO DE 2014 NO BRASIL.

O QUE FAZER

TIRAR FOTOGRAFIAS E REGISTRAR O QUE PRECISA SER MELHORADO NA ESCOLA PARA QUE ELA SEJA MAIS ACESSÍVEL.

COM QUEM FAZER

VOCÊ E OS COLEGAS SE ORGANIZARÃO EM GRUPOS DEFINIDOS PELO PROFESSOR.

COMO FAZER

OS GRUPOS DEVEM TIRAR FOTOGRAFIAS. CADA EQUIPE VERIFICARÁ UMA ÁREA DA ESCOLA, CONFERINDO SE HÁ NELA:

- RAMPA PARA FACILITAR A ENTRADA DE PESSOAS COM DIFICULDADE DE LOCOMOÇÃO, COMO CADEIRANTES;

AS RAMPAS DE ACESSO POSSIBILITAM AOS CADEIRANTES TRANSITAR COM MAIS FACILIDADE.

- CORRIMÃO NAS ESCADAS E BARRAS DE APOIO NOS BANHEIROS;

BANHEIROS ADAPTADOS SÃO AMPLOS E TÊM BARRAS DE APOIO PARA PESSOAS COM RESTRIÇÃO DE MOBILIDADE.

- PLACAS COM AVISOS EM BRAILE;
- PISOS DE ORIENTAÇÃO PARA CEGOS;
- CARTEIRAS, PIAS E BEBEDOUROS COM ALTURA ADEQUADA PARA PESSOAS MAIS BAIXAS.

COMO AVALIAR

- VOCÊS DEVEM ELABORAR UM CARTAZ SOBRE A ACESSIBILIDADE NA ESCOLA. NELE DEVEM ESTAR DESTACADOS OS REGISTROS DAS CONDIÇÕES ACESSÍVEIS E DAS QUE PRECISAM MELHORAR.

APRESENTANDO O QUE FOI FEITO

EXPONHAM OS CARTAZES NA ESCOLA COM O RESULTADO DO ESTUDO.

53

PERISCÓPIO

📖 PARA LER

O BOLO DE CHOCOLATE, DE MARIA ROSA ARAGÓ. SÃO PAULO: EDITORA DO BRASIL, 2008.
ESSE LIVRO MOSTRA DUAS CRIANÇAS ENTENDENDO OS CINCO SENTIDOS POR MEIO DE UMA SITUAÇÃO COTIDIANA.

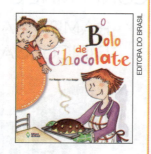

OS CINCO SENTIDOS, DE BARTOLOMEU CAMPOS DE QUEIRÓS. SÃO PAULO: GLOBAL, 2009.
COM UMA LINGUAGEM POÉTICA, O AUTOR APRESENTA O MUNDO EXPLORANDO OS CINCO SENTIDOS DO CORPO HUMANO.

SINTO O QUE SINTO COM CINCO SENTIDOS, DE ELLEN PESTILI. SÃO PAULO: EDITORA DO BRASIL, 2013.
O LIVRO MOSTRA QUAIS SÃO OS CINCO SENTIDOS E COMO ELES NOS AJUDAM A TER AS MAIS DIFERENTES SENSAÇÕES.

📍 PARA VISITAR

JARDIM DAS SENSAÇÕES. CURITIBA, PARANÁ.
OFERECE UM PASSEIO SENSORIAL AO LONGO DE UM CAMINHO DE 200 METROS, REPLETO DE PLANTAS NATIVAS, AROMÁTICAS E MEDICINAIS.

PARA OBTER MAIS INFORMAÇÕES, ACESSE: <WWW.CURITIBA.PR.GOV.BR/CONTEUDO/JARDIM-BOTANICO/287>.

UNIDADE 3
OS ANIMAIS E A PASSAGEM DO TEMPO

AS IMAGENS NÃO ESTÃO REPRESENTADAS NA MESMA PROPORÇÃO.

1. ONDE ESTÃO OS ANIMAIS? CIRCULE-OS.

55

CADA UM NO SEU TEMPO

A FAMÍLIA DE JULIANA JANTA REUNIDA SOMENTE NOS FINS DE SEMANA, PORQUE O PAI TRABALHA DURANTE O DIA E A MÃE TRABALHA À NOITE.

O PAI ENTRA NO SERVIÇO ÀS 8 HORAS DA MANHÃ E CHEGA EM CASA POR VOLTA DAS 6 HORAS DA TARDE.

A MÃE, QUE É ENFERMEIRA, SAI PARA O TRABALHO ÀS 6 HORAS DA TARDE E VOLTA PARA CASA COM O DIA AMANHECENDO. NESSA HORA, RABISCO, O CÃOZINHO DA FAMÍLIA, GERALMENTE ESTÁ DORMINDO E SÓ LEVANTA AS ORELHAS AO OUVIR O BARULHO DA PORTA. JÁ O GATINHO MIAU...

PENSE E CONVERSE

- POR QUE QUANDO O PAI DE JULIANA CHEGA RABISCO FAZ FESTA E MIAU GERALMENTE ESTÁ DORMINDO?
- E POR QUE QUANDO A MÃE VOLTA DO HOSPITAL É MIAU QUE ESTÁ BRINCANDO?

COMENTE SUAS IDEIAS COM OS COLEGAS E O PROFESSOR.

O DIA E A NOITE

O CÉU DE DIA NÃO É IGUAL À NOITE.

1. EM UMA FOLHA DE PAPEL, DESENHE O QUE VOCÊ VÊ NO CÉU DURANTE O DIA E À NOITE. USE METADE DA FOLHA PARA CADA REPRESENTAÇÃO. E LEMBRE-SE DE ESCREVER OS TÍTULOS.

O PROFESSOR VAI RECOLHER E EXPOR OS TRABALHOS NO MURAL DA SALA DE AULA.

DE **DIA** ESTÁ CLARO POR CAUSA DA LUZ DO SOL. À **NOITE**, SEM A LUZ DO SOL, ESTÁ ESCURO.

A **SUCESSÃO** DE DIAS E NOITES NUNCA PARA: DEPOIS DE UM DIA SEMPRE VEM UMA NOITE.

2. COMPLETE A LEGENDA DAS IMAGENS A SEGUIR.

O PAI DE JULIANA TRABALHA DE ___ ___ ___.

A MÃE DE JULIANA TRABALHA DE ___ ___ ___ ___ ___.

3. QUE SÍMBOLOS VOCÊ PODE USAR PARA REPRESENTAR ESSES PERÍODOS? DESENHE NO QUADRINHO AO LADO DA LEGENDA.

MEDIR O TEMPO

1. OBSERVE A CENA:

- SERÁ QUE NA RESPOSTA QUE JOÃO DEU À MÃE ELE QUIS DIZER QUE DEMORARIA MESMO UM MINUTO PARA IR TOMAR BANHO? COMENTE COM OS COLEGAS E O PROFESSOR.

2. PENSE NA SEGUINTE QUESTÃO: UM MINUTO DEMORA MUITO PARA PASSAR OU É UM INTERVALO DE TEMPO CURTO?

PARA CONFIRMAR O QUE VOCÊ ACHA, BRINQUE COM O TEMPO. O PROFESSOR VAI MARCAR UM MINUTO E, DURANTE ESSE TEMPO:

- FIQUE COM OS OLHOS FECHADOS;
- FIQUE COM OS DOIS BRAÇOS LEVANTADOS.

3. AGORA TODOS DEVEM FICAR EM SILÊNCIO. O PROFESSOR INDICARÁ QUANDO COMEÇA E QUANDO TERMINA O MINUTO.

- DEPOIS DE VIVENCIAR O INTERVALO DE UM MINUTO, RESPONDA: UM MINUTO PASSA RÁPIDO OU DEVAGAR?

NA ATIVIDADE ANTERIOR, O PROFESSOR USOU UM RELÓGIO PARA MARCAR O TEMPO EXATO DE UM MINUTO.

ALÉM DE MINUTOS, MEDIMOS O TEMPO EM HORAS, DIAS, SEMANAS, MESES E ANOS.

HÁ MOMENTOS EM QUE O TEMPO PARECE PASSAR RÁPIDO E, ÀS VEZES, O MESMO PERÍODO DEMORA MAIS PARA PASSAR, MAS SÃO APENAS SENSAÇÕES. INDEPENDENTEMENTE DA SITUAÇÃO, A MEDIDA DO TEMPO NÃO MUDA. UM MINUTO, POR EXEMPLO, TEM 60 SEGUNDOS.

UMA DAS RAZÕES PARA AS PESSOAS MARCAREM O TEMPO ESTÁ RELACIONADA À ORGANIZAÇÃO DO QUE ELAS TÊM DE FAZER. ALGUMAS ATIVIDADES SÃO FEITAS DE MANHÃ, OUTRAS À TARDE E ALGUMAS À NOITE.

4. LIGUE CADA ATIVIDADE AO PERÍODO NO QUAL VOCÊ A REALIZA.

ESTOU NA ESCOLA.

MANHÃ

FAÇO MINHAS LIÇÕES.

BRINCO COM OS COLEGAS.

TARDE

DURMO.

VEJO TV.

NOITE

TOMO LANCHE.

UM DIA APÓS O OUTRO

AS PESSOAS TAMBÉM COSTUMAM ORGANIZAR SUAS ATIVIDADES TOMANDO POR BASE OS DIAS DA SEMANA. VEJA O QUE FLÁVIO E MANUELA FAZEM EM ALGUMAS TARDES.

IREI AJUDAR NA CASA DE REPOUSO DO BAIRRO NAS TERÇAS-FEIRAS E QUINTAS-FEIRAS À TARDE.

QUE LEGAL! IREI ÀS SEXTAS-FEIRAS. É QUANDO TENHO AS TARDES LIVRES.

1. VOCÊ SABIA QUE A SEMANA COMEÇA NO DOMINGO? E OS OUTROS DIAS DA SEMANA, SABE QUAIS SÃO?

2. NO QUADRO ABAIXO ESCREVA OS DIAS DESTA SEMANA E AS ATIVIDADES QUE PRETENDE FAZER.

DIA DA SEMANA	ATIVIDADE PRETENDIDA
DOMINGO	

60

OS CALENDÁRIOS

EXISTEM DIVERSOS TIPOS DE CALENDÁRIOS ANUAIS.

1. MARQUE OS CALENDÁRIOS QUE VOCÊ CONHECE.

2. ASSINALE ABAIXO QUAIS INFORMAÇÕES ENCONTRAMOS NOS CALENDÁRIOS ANUAIS.

☐ DIAS   ☐ MESES   ☐ DIAS DA SEMANA

☐ HORAS ☐ ANO   ☐ NOTÍCIAS

NOS CALENDÁRIOS ESTÃO ORGANIZADOS OS DIAS, AS SEMANAS E OS MESES DE UM ANO INTEIRO!

TAMBÉM QUERO FAZER

CALENDÁRIO DOS ANIVERSARIANTES DA TURMA

EM QUAL MÊS HÁ MAIS ANIVERSARIANTES NA TURMA? PARA DESCOBRIR, SIGA AS ORIENTAÇÕES E MONTE O CALENDÁRIO DE ANIVERSÁRIOS.

MATERIAL:
- MATERIAL COMPLEMENTAR (PÁGINA 95);
- LÁPIS PRETO;
- LÁPIS DE COR.

MODO DE FAZER

1. DESTAQUE A PÁGINA 95 (MATERIAL COMPLEMENTAR);
2. FORME UM GRUPO COM OS COLEGAS QUE FAZEM ANIVERSÁRIO NO MESMO MÊS QUE VOCÊ;
3. O PROFESSOR EXPLICARÁ COMO VOCÊ DEVERÁ COLOCAR OS DIAS NO CALENDÁRIO;
4. COMPLETE O CALENDÁRIO DO MÊS DO SEU ANIVERSÁRIO E FAÇA UMA ILUSTRAÇÃO PARA MARCAR OS DIAS DO ANIVERSÁRIO DE TODOS OS COLEGAS QUE NASCERAM NESTE MÊS.

5. DEPOIS QUE TODOS TERMINAREM, SERÁ SORTEADA UMA FOLHA DE CADA GRUPO PARA REPRESENTAR O MÊS NO CALENDÁRIO DO ANO.

6. ORGANIZEM OS MESES NA SEQUÊNCIA E FORMEM O **CALENDÁRIO DOS ANIVERSARIANTES DA TURMA**. VOCÊS PODEM FIXÁ-LOS NO MURAL DA SALA DE AULA, COMO É MOSTRADO ABAIXO, OU PENDURAR OS MESES EM UM BARBANTE COMO SE FOSSE UM VARAL.

CONCLUSÃO

1. NA TURMA, QUAL É O MÊS EM QUE HÁ MAIS ANIVERSARIANTES?

_____

2. HÁ ALGUM MÊS EM QUE NÃO HÁ ANIVERSARIANTE?

_____

1. OBSERVE QUE FALTAM INFORMAÇÕES NESTA FOLHA DE CALENDÁRIO. QUAIS SÃO?

- COMPLETE ESSA FOLHA DO CALENDÁRIO COM OS DADOS DO MÊS DE SEU ANIVERSÁRIO. O PROFESSOR INDICARÁ EM QUAL DIA DA SEMANA É O PRIMEIRO DIA DO MÊS E VOCÊ DEVE CONTINUAR ESCREVENDO OS OUTROS NÚMEROS.
- AGORA FAÇA UMA ILUSTRAÇÃO NO CALENDÁRIO PARA MARCAR O DIA DE SEU ANIVERSÁRIO.

A LUZ E OS HÁBITOS DOS ANIMAIS

A SUCESSÃO DE DIAS E NOITES INTERFERE NOS HÁBITOS DAS PESSOAS E DE OUTROS ANIMAIS.

DE MANEIRA GERAL, AS ATIVIDADES DAS PESSOAS ACONTECEM DE MANHÃ E À TARDE, E O PERÍODO DE REPOUSO É À NOITE. E VOCÊ, QUAIS SÃO SEUS HÁBITOS?

1. DESCREVA SEUS PRINCIPAIS HÁBITOS NO DECORRER DE UM DIA INTEIRO. DEPOIS, NO QUADRO, DESENHE VOCÊ NA ATIVIDADE DE QUE MAIS GOSTA. COMPARTILHE SEU TRABALHO COM A TURMA.

DE MANHÃ:

_____

_____

À TARDE:

_____

_____

À NOITE:

_____

_____

CADA TAREFA NO SEU TEMPO

GERALMENTE AS PESSOAS FICAM MAIS ATIVAS DURANTE O DIA. NO PERÍODO DA NOITE, A MAIORIA DAS PESSOAS REPOUSA, O QUE É IMPORTANTE PARA A SAÚDE. POR ISSO SE DIZ QUE OS SERES HUMANOS TÊM **HÁBITOS DIURNOS**.

1. OBSERVE ALGUMAS ATIVIDADES COMUNS ENTRE AS CRIANÇAS. DEPOIS ESCREVA UMA LEGENDA PARA CADA IMAGEM.

ELES TRABALHAM À NOITE!

ASSIM COMO A MÃE DE JULIANA, QUE É ENFERMEIRA, OUTROS PROFISSIONAIS TAMBÉM TRABALHAM À NOITE E TÊM UMA ROTINA DIFERENTE DA MAIORIA DAS PESSOAS.

1. PINTE AS CENAS. ELAS MOSTRAM PROFISSIONAIS QUE PODEM TRABALHAR À NOITE. ESSAS PESSOAS MODIFICAM SEUS HÁBITOS EM FUNÇÃO DO HORÁRIO DE TRABALHO.

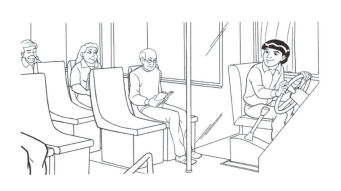

ILUSTRAÇÕES: DOUGLAS FERREIRA

- AGORA ESCREVA, ABAIXO DE CADA IMAGEM, O NOME DA PROFISSÃO.
- ALÉM DESSES PROFISSIONAIS, VOCÊ CONHECE OUTROS QUE TRABALHAM À NOITE? COMENTE COM OS COLEGAS E O PROFESSOR.

67

O DIA A DIA DE OUTROS ANIMAIS

ASSIM COMO AS PESSOAS, OUTROS ANIMAIS SÃO MAIS ATIVOS DURANTE O DIA. EXISTEM TAMBÉM ANIMAIS DE **HÁBITOS NOTURNOS**, ISTO É, SÃO MAIS ATIVOS À NOITE E DORMEM DURANTE O DIA.

VEJA ALGUNS EXEMPLOS DE ANIMAIS QUE SÃO MAIS ATIVOS DURANTE O DIA, QUANDO PROCURAM ALIMENTO.

ABELHA.

EMA.

VACA.

CAVALO.

JÁ CERTOS GRUPOS DE ONÇAS E MUITOS TIPOS DE MORCEGO SE RECOLHEM PELA MANHÃ, POIS SÃO MAIS ATIVOS NO FIM DO DIA E À NOITE.

A ONÇA-PINTADA É MAIS ATIVA À NOITE, QUANDO SAI PARA CAÇAR.

NÃO EXISTE SOMENTE UMA RAZÃO PARA ANIMAIS SEREM MAIS ATIVOS DURANTE O DIA OU À NOITE.

OS VAGA-LUMES ADULTOS SÃO ATIVOS À NOITE, PERÍODO EM QUE EMITEM LUZ PARA ATRAIR UM PARCEIRO E SE REPRODUZIR.

A MAIORIA DAS RÃS É MAIS ATIVA NO PERÍODO NOTURNO. AS RÃS TÊM PELE SENSÍVEL AO CALOR E AOS RAIOS SOLARES.

1. REVEJA AS RESPOSTAS QUE VOCÊ DEU ÀS PERGUNTAS DA PÁGINA 56. DEPOIS DE ESTUDAR OS HÁBITOS DOS ANIMAIS, COMO VOCÊ EXPLICA O COMPORTAMENTO DE RABISCO E MIAU?

ATIVIDADES

1. LEIA A QUADRINHA A SEGUIR.

QUANTAS HORAS TEM O DIA?
QUANTOS DIAS TEM O MÊS?
QUANTOS MESES TEM O ANO?
QUANTOS ANOS VOCÊ TEM?

ELABORADA PELAS AUTORAS.

- AGORA CIRCULE AS PALAVRAS DA QUADRINHA QUE ESTÃO RELACIONADAS À MARCAÇÃO DO TEMPO.

2. FAÇA UMA PESQUISA E DESCUBRA RESPOSTAS PARA AS PERGUNTAS DA QUADRINHA. INICIALMENTE, PROCURE AS INFORMAÇÕES EM UM CALENDÁRIO.

- QUANTAS HORAS TEM O DIA? _____

- QUANTOS DIAS PODE TER O MÊS? _____
  _____

- QUANTOS MESES TEM O ANO? _____

- QUANTOS ANOS VOCÊ TEM? _____

3. VOCÊ ENCONTROU TODAS AS RESPOSTAS NO CALENDÁRIO?

☐ SIM.   ☐ NÃO.

- COMO VOCÊ DESCOBRIU AS RESPOSTAS? COMENTE COM OS COLEGAS E O PROFESSOR.

O QUE ESTUDAMOS

- DIA É O PERÍODO EM QUE ESTÁ CLARO POR CAUSA DA LUZ DO SOL, E NOITE É O PERÍODO EM QUE ESTÁ ESCURO, POIS NÃO HÁ LUZ DO SOL.
- DEPOIS DE UM DIA SEMPRE VEM UMA NOITE.
- É POSSÍVEL MEDIR O TEMPO EM MINUTOS, HORAS, DIAS, SEMANAS, MESES E ANOS.
- ACHAR QUE O TEMPO PASSA MAIS RÁPIDO OU DEVAGAR É APENAS UMA SENSAÇÃO, PORQUE AS MEDIDAS DE TEMPO NÃO MUDAM.
- ALÉM DOS CALENDÁRIOS SEMANAIS, EXISTEM OS ANUAIS. NELES ESTÃO ORGANIZADAS INFORMAÇÕES SOBRE OS DIAS, AS SEMANAS E OS MESES DE UM ANO INTEIRO.
- OS SERES HUMANOS TÊM HÁBITOS DIURNOS, MAS HÁ PESSOAS QUE TRABALHAM À NOITE.
- MUITOS OUTROS ANIMAIS SÃO DIURNOS, MAS HÁ OS QUE TÊM HÁBITOS NOTURNOS.

NASCER DO SOL NA CHAPADA DOS VEADEIROS. ALTO PARAÍSO DE GOIÁS, GOIÁS, 2016.

RETOMADA

1. BIA E BETO ESTAVAM CONVERSANDO SOBRE CALENDÁRIOS. BETO DISSE QUE TODOS OS MESES TÊM 31 DIAS E BIA DISSE QUE TODOS OS MESES TÊM 30 DIAS. QUEM TEM RAZÃO? POR QUÊ?

☐ BETO, PORQUE TODOS OS MESES TÊM 31 DIAS.

☐ BIA, PORQUE TODOS OS MESES TÊM 30 DIAS.

☐ NEM BETO, NEM BIA, PORQUE HÁ MESES COM 31 DIAS E MESES COM 30 DIAS, JÁ FEVEREIRO PODE TER 28 OU 29 DIAS.

2. ORDENE AS PALAVRAS E FORME FRASES.

- 24 HORAS. UM TEM DIA

_____

- SEGUNDOS. 60 TEM MINUTO UM

_____

_____

- DIAS. UMA TEM SEMANA SETE

_____

- ANO MESES. 12 UM TEM

_____

3. LEIA A PARLENDA.

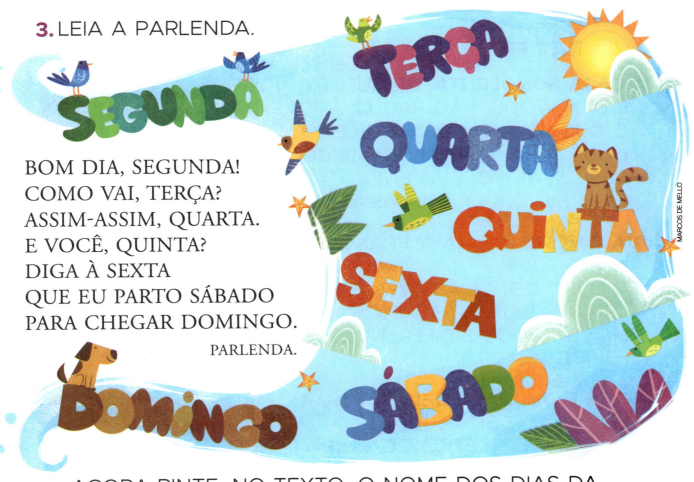

BOM DIA, SEGUNDA!
COMO VAI, TERÇA?
ASSIM-ASSIM, QUARTA.
E VOCÊ, QUINTA?
DIGA À SEXTA
QUE EU PARTO SÁBADO
PARA CHEGAR DOMINGO.

PARLENDA.

- AGORA PINTE, NO TEXTO, O NOME DOS DIAS DA SEMANA. USE UMA COR CLARINHA.

4. LEIA AS FRASES A SEGUIR E ESCREVA **V** NA QUE FOR VERDADEIRA E **F** NA QUE FOR FALSA.

☐ TODOS OS ANIMAIS TÊM HÁBITOS NOTURNOS.

☐ UM ANO TEM 12 MESES.

☐ A SUCESSÃO DE DIAS E NOITES INTERFERE NOS HÁBITOS DOS ANIMAIS.

☐ É IMPOSSÍVEL MARCAR EXATAMENTE UM MINUTO.

PERISCÓPIO

PARA LER

A CASA SONOLENTA, DE AUDREY WOOD E DAN WOOD. SÃO PAULO: ÁTICA, 2009.
O QUE SERÁ QUE ACONTECE EM UMA CASA ONDE TODOS VIVEM DORMINDO? LEIA E DESCUBRA. VOCÊ SE ENCANTARÁ COM ESSA HISTÓRIA E COM AS ILUSTRAÇÕES.

DIA E NOITE, DE MARY FRANÇA. SÃO PAULO: ÁTICA, 2008.
O LIVRO CONTA AS AVENTURAS DE UMA CRIANÇA DURANTE O DIA E A NOITE, MOSTRANDO AS DIFERENÇAS ENTRE ESSES PERÍODOS.

NOITE E DIA NA ALDEIA, DE TIAGO HAKIY. CURITIBA: POSITIVO, 2014.
NARRAÇÃO POÉTICA DE GRUPO INDÍGENA SOBRE A INTEGRAÇÃO DAS CRIANÇAS E DOS ANIMAIS COM ELEMENTOS DA NOITE E DO DIA.

LUZ DE DENTRO OU DE FORA?, DE NYE RIBEIRO. SÃO PAULO: EDITORA DO BRASIL, 2013.
VICTOR TEM MEDO DO ESCURO. O QUE ELE FARÁ PARA SUPERAR ESSA SITUAÇÃO? QUE DESAFIOS ELE ENFRENTARÁ?

UNIDADE 4
OBJETOS DO DIA A DIA

1. LEIA AS ADIVINHAS COM OS COLEGAS E O PROFESSOR. QUANDO DESCOBRIR O SEGREDO, ESCREVA A RESPOSTA.

O QUE É, O QUE É?
COMO A CANETA, ELE ESCREVE
COISAS DE BOM AGRADO.
MAS, SE VOCÊ NÃO GOSTAR,
TUDO PODE SER APAGADO.

_____

O QUE É, O QUE É?
TEM COSTAS, MAS NÃO É GENTE.
QUATRO PERNAS, MAS NÃO PARA ANDAR.
MUITAS SÃO DE MADEIRA
E SERVEM PARA SENTAR.

_____

O QUE É, O QUE É?
PRODUZ FLORES E FRUTOS
E MADEIRA PARA FABRICAR
OBJETOS DE TODO TIPO
E TODOS DEVEM PRESERVAR.

_____

ADIVINHAS ELABORADAS PELAS AUTORAS.

OBJETOS DA COZINHA

A TARDE ESTAVA BEM QUENTE. SUSI E OS PRIMOS RESOLVERAM TOMAR UMA LIMONADA. PARA AJUDÁ-LOS A PREPARAR A BEBIDA, CHAMARAM O PAI DE SUSI.

 PENSE E CONVERSE

- POR QUE AS CRIANÇAS PRECISARAM DA AJUDA DE UM ADULTO PARA PREPARAR A LIMONADA?
- QUE INGREDIENTES FORAM USADOS?
- QUAL DOS TRÊS TIPOS DE COPO VOCÊ ESCOLHERIA PARA COLOCAR A LIMONADA? POR QUÊ?
- VOCÊ CONHECE OUTROS TIPOS DE COPO? DE QUE ELES SÃO FEITOS? COMENTE.

A MADEIRA

1. OBSERVE AS IMAGENS QUE REPRESENTAM AS RESPOSTAS DAS ADIVINHAS DA PÁGINA 75.

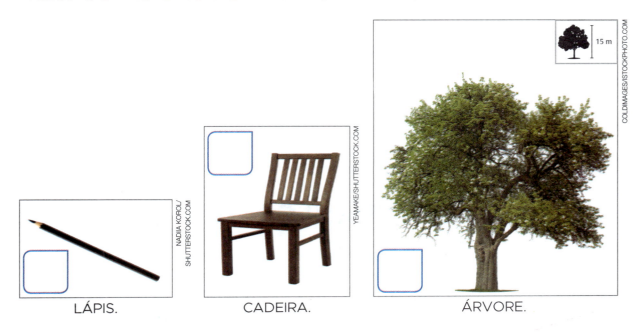

LÁPIS. CADEIRA. ÁRVORE.

- SE VOCÊ ESTIVESSE EM UMA FLORESTA, QUAL DOS ITENS REPRESENTADOS ACIMA PODERIA ENCONTRAR? MARQUE-O COM **X**.
- OS OUTROS DOIS ITENS FORAM CRIADOS PELO SER HUMANO. MARQUE-OS COM ◯.
- DE QUE SÃO FEITOS OS OBJETOS QUE VOCÊ CIRCULOU? MARQUE A RESPOSTA COM **X**.

☐ METAL. ☐ MADEIRA.

☐ VIDRO. ☐ TECIDO.

MUITOS OBJETOS USADOS PELAS PESSOAS NO DIA A DIA SÃO FEITOS DE **MADEIRA**. É O CASO DO LÁPIS E DA CADEIRA.

A MADEIRA É UM TIPO DE **MATERIAL** RETIRADO DAS ÁRVORES.

VOCÊ E... OS OBJETOS DE MADEIRA

ESCREVA O NOME DE QUATRO OBJETOS FEITOS DE MADEIRA ENCONTRADOS EM SUA CASA.

_____

_____

OUTROS MATERIAIS E SUAS CARACTERÍSTICAS

ALÉM DA MADEIRA, OUTROS MATERIAIS SÃO USADOS NA FABRICAÇÃO DE OBJETOS. **PAPEL**, **PLÁSTICO**, **VIDRO**, **TECIDO** E **METAIS** SÃO ALGUNS EXEMPLOS.

1. OBSERVE AS JARRAS AO LADO:

- DE QUE MATERIAIS ELAS SÃO FEITAS?

_____

- QUAL DESSES MATERIAIS É TRANSPARENTE?

_____

- QUAL DESSES MATERIAIS É FLEXÍVEL?

_____

78

2. QUE MATERIAL É UTILIZADO PARA FABRICAR CADA OBJETO A SEGUIR?

AS IMAGENS NÃO ESTÃO REPRESENTADAS NA MESMA PROPORÇÃO.

- QUAL É O NOME DO BRINQUEDO QUE APARECE NAS IMAGENS?

_____

OBSERVE OS AVIÕES E COMPARE O MATERIAL DE QUE ELES SÃO FEITOS. AGORA RESPONDA:

- QUAL DELES É O MAIS MACIO?

_____

- QUAL DELES É DOBRÁVEL?

_____

- O QUE ACONTECE SE O AVIÃO DE PAPEL FOR COLOCADO NA ÁGUA?

_____

TAMBÉM QUERO FAZER

MATERIAL DOS OBJETOS DA COZINHA

NA ATIVIDADE ANTERIOR, VOCÊ OBSERVOU QUE DIFERENTES MATERIAIS PODEM SER UTILIZADOS PARA PRODUZIR UM AVIÃO.

E NA COZINHA, ALÉM DE JARRAS DE VIDRO E DE PLÁSTICO, SERÁ QUE HÁ OUTROS OBJETOS FEITOS DE MATERIAIS DIFERENTES?

MATERIAL:
- LÁPIS;
- BORRACHA.

MODO DE FAZER

1. ESCREVA NO QUADRO DA PÁGINA SEGUINTE O NOME DOS **CINCO** PRINCIPAIS MATERIAIS QUE SERÃO PESQUISADOS.

2. NA COZINHA DE SUA CASA, PESQUISE OBJETOS FEITOS COM OS MATERIAIS INDICADOS. ESCREVA O NOME DOS OBJETOS NOS ESPAÇOS CORRESPONDENTES A CADA MATERIAL.

MATERIAL	OBJETO

CONCLUSÃO

1. NA COZINHA, NORMALMENTE SÃO USADAS COLHERES DE MADEIRA E DE METAL. COMPARE AS CARACTERÍSTICAS DESSES DOIS MATERIAIS E RESPONDA:
   - QUAL DELES É FOSCO? E QUAL É BRILHANTE?

2. ENTRE AS TOALHAS DE MESA, HÁ AS DE TECIDO E AS DE PLÁSTICO. CONVERSE COM OS COLEGAS E O PROFESSOR SOBRE AS VANTAGENS E AS DESVANTAGENS DE UTILIZAR CADA UMA DELAS.

CARACTERÍSTICA DO MATERIAL E FUNÇÃO DO OBJETO

VOCÊ VIU QUE EXISTEM COPOS FABRICADOS DE DIFERENTES MATERIAIS, COMO VIDRO, PLÁSTICO E METAL.

AS CARACTERÍSTICAS DE CADA MATERIAL PODEM SER OBSERVADAS EM OBJETOS FEITOS COM ELE.

1. DE ACORDO COM AS JARRAS VISTAS NA PÁGINA 78, COMPLETE AS FRASES.

   - OBJETO TRANSPARENTE É FEITO DE _____.

   - OBJETO MAIS FLEXÍVEL É FEITO DE _____.

2. VEJA OS OBJETOS ABAIXO E ESCREVA O NOME DO MATERIAL DE QUE SÃO FEITOS.

   AS IMAGENS NÃO ESTÃO REPRESENTADAS NA MESMA PROPORÇÃO.

PANELA DE _____. COPO DE _____. CASACO DE _____.

3. AGORA COMPLETE A FRASE:

   A RELAÇÃO ENTRE A FUNÇÃO DE UM _____ E O _____ DE QUE ELE É FEITO É MUITO IMPORTANTE.

PARA SABER MAIS

OS MATERIAIS QUE CONSTITUEM OS OBJETOS PODEM TER DIFERENTES ORIGENS:

ALGUNS TIPOS DE PLÁSTICO, TINTAS, BORRACHA PARA PNEUS, ASFALTO E PRODUTOS DE BELEZA SÃO FABRICADOS A PARTIR DO **PETRÓLEO**.

O PETRÓLEO TEVE DE PASSAR POR MUITAS TRANSFORMAÇÕES ATÉ QUE TUDO ISSO PUDESSE SER FABRICADO.

PARA FABRICAR VIDRO E PRODUZIR GARRAFAS, COPOS E JANELAS, USA-SE **AREIA** E **CALCÁRIO**, QUE SÃO RETIRADOS DO SOLO.

O **ALUMÍNIO**, USADO NA FABRICAÇÃO DE DIVERSOS OBJETOS, COMO FÔRMAS E LATAS PARA BEBIDAS, É RETIRADO DE UMA ROCHA.

PARA TRABALHAR O VIDRO E DEIXÁ-LO COM DIFERENTES FORMAS, ELE DEVE ESTAR BEM QUENTE.

DEPOIS QUE A ROCHA É RETIRADA DO SOLO ELA PASSA POR MUITAS TRANSFORMAÇÕES ATÉ QUE O ALUMÍNIO SEJA PRODUZIDO.

4. VOCÊ JÁ BRINCOU DE **PEDRA, PAPEL E TESOURA**? SIGA A ORIENTAÇÃO DO PROFESSOR E BRINQUE COM OS COLEGAS.

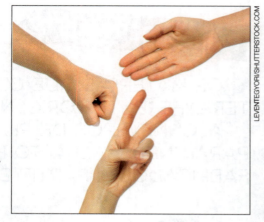

PEDRA, PAPEL E TESOURA É UMA BRINCADEIRA QUE SURGIU NO JAPÃO HÁ MUITOS ANOS.

- AGORA LEIA OS NOMES E DESENHE O QUE É UTILIZADO NA BRINCADEIRA.

PEDRA	PAPEL	TESOURA

- LEIA AS DESCRIÇÕES A SEGUIR E COMPLETE OS ESPAÇOS COM OS ELEMENTOS DA BRINCADEIRA.

A _____ É FEITA DE UM MATERIAL QUE PODE QUEBRAR A TESOURA.

A _____ É FEITA DE METAL E PODE CORTAR O PAPEL.

O _____ É DOBRÁVEL E PODE EMBRULHAR A PEDRA.

DIFERENTES MATERIAIS PARA CONSTRUIR CASAS

1. VOCÊ CONHECE A HISTÓRIA DOS TRÊS PORQUINHOS? CONTE AOS COLEGAS E AO PROFESSOR.

2. OBSERVE AS CENAS. QUE PARTE DA HISTÓRIA ESTÁ RETRATADA NAS IMAGENS A SEGUIR?

_____

3. CADA PORQUINHO USOU UM TIPO DIFERENTE DE MATERIAL PARA CONSTRUIR A RESPECTIVA CASA. QUE MATERIAIS FORAM USADOS POR ELES?

_____

_____

_____

- NO FINAL DO CONTO, ALGO DEU ERRADO PARA CÍCERO E HEITOR. O QUE ACONTECEU? POR QUÊ? COMENTE COM OS COLEGAS E O PROFESSOR.

DIFERENTES MATERIAIS PARA DIFERENTES CONSTRUÇÕES

NO CONTO *OS TRÊS PORQUINHOS*, CÍCERO USOU APENAS PALHA PARA CONSTRUIR A CASA DELE, ENQUANTO HEITOR USOU SOMENTE MADEIRA. PELO QUE ACONTECEU, VOCÊ PODE OBSERVAR QUE, ALÉM DE MUITA DEDICAÇÃO E TRABALHO, É NECESSÁRIO USAR DIFERENTES MATERIAIS PARA CONSTRUIR UMA CASA BEM FIRME.

ATUALMENTE EXISTEM CONSTRUÇÕES FEITAS COM BASE EM DIVERSOS MATERIAIS. OBSERVE ALGUNS DELES:

TIJOLO.

BLOCOS DE CIMENTO.

MADEIRA.

PALHA.

VIDRO.

CHAPA DE METAL.

- COM QUE MATERIAIS SUA ESCOLA FOI CONSTRUÍDA? PARA ESSA INVESTIGAÇÃO, FAÇA COM A TURMA UM PASSEIO PELA ESCOLA.

O QUE ESTUDAMOS

- MADEIRA, PAPEL, VIDRO, PLÁSTICO, TECIDO E METAL SÃO MATERIAIS UTILIZADOS PELOS SERES HUMANOS.
- UM MESMO MATERIAL PODE SER USADO PARA FABRICAR DIFERENTES OBJETOS.

OBJETOS FEITOS DE VIDRO.

OBJETOS FEITOS DE MADEIRA.

- ALGUNS OBJETOS PODEM SER PRODUZIDOS COM DIFERENTES MATERIAIS.

COPOS FEITOS DE PLÁSTICO, METAL E VIDRO.

PANELAS FEITAS DE BARRO, METAL E VIDRO.

- EXISTEM MATERIAIS COM DIFERENTES CARACTERÍSTICAS. HÁ, POR EXEMPLO, MATERIAIS TRANSPARENTES, BRILHANTES E FLEXÍVEIS.

RETOMADA

1. OBSERVE OS OBJETOS REPRESENTADOS A SEGUIR. DEPOIS ESCREVA QUE MATERIAL FOI UTILIZADO PARA FABRICAR CADA UM DELES.

_____ _____ _____

2. O QUE HÁ NA MESA DE BRUNO? OBSERVE A IMAGEM. DEPOIS ESCREVA OS MATERIAIS USADOS PARA FABRICAR CADA UM DOS OBJETOS.

- LIVRO _____

- ESTOJO _____

- CADERNO _____

- LÁPIS _____

88

3. VOCÊ JÁ BRINCOU DE RODA COM A CANTIGA *CIRANDA, CIRANDINHA*? NO TRECHO ABAIXO, APARECE O NOME DE UM OBJETO E DE UM MATERIAL.

CIRANDA, CIRANDINHA,
VAMOS TODOS CIRANDAR.
VAMOS DAR A MEIA-VOLTA,
VOLTA E MEIA VAMOS DAR.

O ANEL QUE TU ME DESTE
ERA VIDRO E SE QUEBROU.
O AMOR QUE TU ME TINHAS
ERA POUCO E SE ACABOU.
[...]

CANTIGA POPULAR.

- CIRCULE O NOME DO OBJETO.
- SUBLINHE O NOME DO MATERIAL DE QUE O OBJETO É FEITO.
- AGORA DESENHE UM OBJETO USANDO O MESMO MATERIAL QUE APARECE NA CANTIGA.

PERISCÓPIO

PARA LER

DEZ CASAS E UM POSTE QUE PEDRO FEZ, DE HERMES BERNARDI JUNIOR. PORTO ALEGRE: PROJETO, 2010.
CASAS, CORES E PERSONAGENS SURGEM NESSA BRINCADEIRA COM AS PALAVRAS. OS SONS VÃO SE COMBINANDO PARA CONTAR A HISTÓRIA DESSA RUA DE CASAS TÃO ENGRAÇADAS.

ISSO NÃO É BRINQUEDO!, DE ILAN BRENMAN. SÃO PAULO: SCIPIONE, 2007.
COM IMAGINAÇÃO, TUDO PODE VIRAR BRINQUEDO: O BALDE DE ÁGUA, AS PANELAS, O SAPATO DO PAPAI...

PARA ACESSAR

ROTA DA MADEIRA: ANIMAÇÃO QUE MOSTRA, PASSO A PASSO, O QUE ACONTECE DESDE O MOMENTO EM QUE A ÁRVORE É RETIRADA DA FLORESTA ATÉ SUA MADEIRA CHEGAR AO CONSUMIDOR FINAL.
DISPONÍVEL EM: <www.ativgreen.com.br/fgv/index.html>. ACESSO EM: 19 MAR. 2017.

REFERÊNCIAS

ALVAREZ, A. R.; MOTA, J. A. *SUSTENTABILIDADE AMBIENTAL NO BRASIL*: BIODIVERSIDADE, ECONOMIA E BEM-ESTAR HUMANO. BRASÍLIA: IPEA, 2010. (SÉRIE EIXOS ESTRATÉGICOS DO DESENVOLVIMENTO BRASILEIRO, 7).

ATLAS VISUAL DA CIÊNCIA. *ROCHAS E MINERAIS*. BARCELONA; BUENOS AIRES: SOL 90, 2007.

_____. *VULCÕES E TERREMOTOS*. BARCELONA; BUENOS AIRES: SOL 90, 2007.

BEGON, M.; TOWNSEND, C.; HARPER, J. *ECOLOGIA*: DE INDIVÍDUOS A ECOSSISTEMAS. SÃO PAULO: ARTMED, 2007.

BEI COMUNICAÇÃO. *MINERAIS AO ALCANCE DE TODOS*. SÃO PAULO: BEI, 2004.

BIESTY, S. *CONHECER POR DENTRO*. SÃO PAULO: FOLHA DE S.PAULO, 1995.

BRASIL. INSTITUTO BRASILEIRO DE GEOGRAFIA E ESTATÍSTICA: IBGE. *ATLAS DE SANEAMENTO 2011*. DISPONÍVEL EM: <https://biblioteca.ibge.gov.br/index.php/biblioteca-catalogo?view=detalhes&id=253096>. ACESSO EM: 10 OUT. 2017.

_____. LEI Nº 12.305, DE 2 DE AGOSTO DE 2010. INSTITUI A POLÍTICA NACIONAL DE RESÍDUOS SÓLIDOS; ALTERA A LEI Nº 9.605, DE 12 DE FEVEREIRO DE 1998; E DÁ OUTRAS PROVIDÊNCIAS. *DIÁRIO OFICIAL DA REPÚBLICA FEDERATIVA DO BRASIL*, BRASÍLIA, 3 AGO. 2010.

_____. MINISTÉRIO DA EDUCAÇÃO. *BASE NACIONAL COMUM CURRICULAR*. 3. VERSÃO. BRASÍLIA: MEC, 2017.

_____. MINISTÉRIO DA EDUCAÇÃO. SECRETARIA DE EDUCAÇÃO BÁSICA. *A CRIANÇA DE 6 ANOS, A LINGUAGEM ESCRITA E O ENSINO FUNDAMENTAL DE NOVE ANOS*: ORIENTAÇÕES PARA O TRABALHO COM A LINGUAGEM ESCRITA EM TURMAS DE CRIANÇAS DE SEIS ANOS DE IDADE. BELO HORIZONTE: UFMG; FAE; CEALE, 2009.

_____. MINISTÉRIO DA SAÚDE. SECRETARIA DE ATENÇÃO À SAÚDE. DEPARTAMENTO DE ATENÇÃO BÁSICA. *GUIA ALIMENTAR PARA A POPULAÇÃO BRASILEIRA*. 2. ED. BRASÍLIA: MINISTÉRIO DA SAÚDE, 2014.

_____. SECRETARIA DE EDUCAÇÃO FUNDAMENTAL. *ELEMENTOS CONCEITUAIS E METODOLÓGICOS PARA DEFINIÇÃO DOS DIREITOS DE APRENDIZAGEM E DESENVOLVIMENTO DO CICLO DE ALFABETIZAÇÃO (1º, 2º E 3º ANOS) DO ENSINO FUNDAMENTAL*. BRASÍLIA, 2012.

BRASIL. SECRETARIA DE EDUCAÇÃO FUNDAMENTAL. *ENSINO FUNDAMENTAL DE NOVE ANOS*: ORIENTAÇÕES PARA A INCLUSÃO DA CRIANÇA DE SEIS ANOS DE IDADE. 2. ED. BRASÍLIA: MEC, 2007.

_____. SECRETARIA DE EDUCAÇÃO FUNDAMENTAL. *PARÂMETROS CURRICULARES NACIONAIS*: CIÊNCIAS NATURAIS. BRASÍLIA: MEC, 1997.

BRUSCA, R. C.; BRUSCA, G. J. *INVERTEBRADOS*. RIO DE JANEIRO: GUANABARA-KOOGAN, 2007.

CACHAPUZ, A. ET AL. (ORG.). *A NECESSÁRIA RENOVAÇÃO DO ENSINO DAS CIÊNCIAS*. SÃO PAULO: CORTEZ, 2011.

CAMPBELL, N. A.; TAYLOR, M. R.; REECE, J. B. *BIOLOGY: CONCEPTS & CONNECTIONS*. 6. ED. SAN FRANCISCO: ADDISON WESLEY, 2008.

CAMPOS, M. C. C.; NIGRO, R. *DIDÁTICA DE CIÊNCIAS*: O ENSINO E APRENDIZAGEM COM INVESTIGAÇÃO. SÃO PAULO: FTD, 1999.

_____. *TEORIA E PRÁTICA EM CIÊNCIAS NA ESCOLA*. SÃO PAULO: FTD, 2010.

CANTO, E. L. *MINERAIS, MINÉRIOS, METAIS*: DE ONDE VÊM? PARA ONDE VÃO? SÃO PAULO: MODERNA, 2004.

CARVALHO, A. M. P. DE (ORG.). *ENSINO DE CIÊNCIAS*: UNINDO A PESQUISA E A PRÁTICA. SÃO PAULO: THOMSON PIONEIRA, 2006.

COLL, C. ET AL. *O CONSTRUTIVISMO NA SALA DE AULA*. SÃO PAULO: ÁTICA, 2006.

COSTA, F. A. P. L. *ECOLOGIA, EVOLUÇÃO & O VALOR DAS PEQUENAS COISAS*. JUIZ DE FORA: EDITORA DO AUTOR, 2003.

COSTA, LARISSA; BARRÊTO, SAMUEL ROIPHE (COORD.). *CADERNOS DE EDUCAÇÃO AMBIENTAL ÁGUA PARA VIDA, ÁGUA PARA TODOS*: LIVRO DAS ÁGUAS. TEXTO: ANDRÉE DE RIDDER VIEIRA. BRASÍLIA: WWF BRASIL, 2006. DISPONÍVEL EM: <www.wwf.org.br/informacoes/bliblioteca/index.cfm?uNewsID=2986>. ACESSO EM: 10 OUT. 2017.

COSTA, M. B. F. O. *PROGRAMA, CONTEÚDO E MÉTODOS DE ENSINO DA DISCIPLINA FUNDAMENTOS DE FÍSICA MODERNA*. COIMBRA, 2011. DISPONÍVEL EM: <https://estudogeral.sib.uc.pt/bitstream/10316/20657/1/Fundamentos%20de%20F%C3%ADsica%20Moderna.pdf>. ACESSO EM: 10 OUT. 2017.

CIÊNCIA HOJE NA ESCOLA. RIO DE JANEIRO: SBPC, N. 3: CORPO HUMANO E SAÚDE, 2006.

CIÊNCIA HOJE NA ESCOLA. RIO DE JANEIRO: SBPC, N. 10: GEOLOGIA, 2006.

_____. RIO DE JANEIRO: SBPC, N. 12: ELETRICIDADE, 2006.

DE BONI, L. A. B.; GOLDANI, E. *INTRODUÇÃO CLÁSSICA À QUÍMICA GERAL*. PORTO ALEGRE: TCHÊ QUÍMICA CONS. EDUC., 2007.

DELIZOICOV, D.; ANGOTTI, J. A.; PERNAMBUCO, M. *ENSINO DE CIÊNCIAS*: FUNDAMENTOS E MÉTODOS. SÃO PAULO: CORTEZ, 2007.

DEVRIES, R; KAMII, C. *O CONHECIMENTO FÍSICO NA EDUCAÇÃO PRÉ-ESCOLAR*: IMPLICAÇÕES DA TEORIA DE PIAGET. PORTO ALEGRE: ARTES MÉDICAS, 1984.

DIAS, G. F. *40 CONTRIBUIÇÕES PESSOAIS PARA A SUSTENTABILIDADE*. SÃO PAULO: GAIA, 2005.

DINOSSAUROS. TRADUÇÃO: MARCELO TROTTA. SÃO PAULO: ÁTICA, 2009. (SÉRIE ATLAS VISUAIS).

EL-HANI, C. N.; VIDEIRA, A. A. P. *O QUE É VIDA?* PARA ENTENDER A BIOLOGIA DO SÉCULO XXI. RIO DE JANEIRO: RELUME-DUMARÁ; FAPERJ, 2000.

ESPINOZA, A. M. *CIÊNCIAS NA ESCOLA*: NOVAS PERSPECTIVAS PARA A FORMAÇÃO DOS ALUNOS. SÃO PAULO: ÁTICA, 2010.

ESPOSITO, B. P. *QUÍMICA EM CASA*: PROJETO CIÊNCIA. 4. ED. SÃO PAULO: ATUAL, 2016.

FARIA, IVAN DUTRA; MONLEVADE, JOÃO ANTÔNIO CABRAL. MÓDULO 12: HIGIENE, SEGURANÇA E EDUCAÇÃO. IN: BRASIL. MINISTÉRIO DA EDUCAÇÃO. SECRETARIA DE EDUCAÇÃO BÁSICA. *HIGIENE E SEGURANÇA NAS ESCOLAS*. BRASÍLIA: UNIVERSIDADE DE BRASÍLIA, 2008.

FARIA, R. P. *FUNDAMENTOS DE ASTRONOMIA*. CAMPINAS: PAPIRUS, 2001.

GROTZINGER J.; JORDAN T. *PARA ENTENDER A TERRA*. 6. ED. PORTO ALEGRE: BOOKMAN, 2013.

GUERIN, N.; ISERNHAGEN, I. *PLANTAR, CRIAR E CONSERVAR*: UNINDO PRODUTIVIDADE E MEIO AMBIENTE. SÃO PAULO: INSTITUTO SOCIOAMBIENTAL, 2013.

HOFFMANN, J. *AVALIAÇÃO, MITO E DESAFIO*: UMA PERSPECTIVA CONSTRUTIVISTA. PORTO ALEGRE: MEDIAÇÃO, 2011.

KRASILCHIK, M.; MARANDINO, M. *ENSINO DE CIÊNCIAS E CIDADANIA*. SÃO PAULO: MODERNA, 2007.

LEITE, H. F. *ENERGIA E NATUREZA*. SÃO PAULO: MODERNA, 1993. (COLEÇÃO VIRAMUNDO).

LIMA, V. C.; LIMA, M. R.; MELO, W. F. *O SOLO NO MEIO AMBIENTE*: ABORDAGEM PARA PROFESSORES DO ENSINO FUNDAMENTAL E MÉDIO E ALUNOS DO ENSINO MÉDIO. CURITIBA: DEP. DE SOLOS E ENG. AGR., 2007.

LLOYD, C. *O QUE ACONTECEU NA TERRA?* RIO DE JANEIRO: INTRÍNSECA, 2011.

MARGULIS, L.; SCHWARTZ, K. V. *CINCO REINOS*: UM GUIA ILUSTRADO DOS FILOS DA VIDA. RIO DE JANEIRO: GUANABARA KOOGAN, 2001.

NIGRO, R. G. *CIÊNCIAS*: SOLUÇÕES PARA DEZ DESAFIOS DO PROFESSOR. 1º AO 3º ANO DO ENSINO FUNDAMENTAL. SÃO PAULO: ÁTICA, 2011.

POUGH, J. H.; JANIS C. M.; HEISER, J. B. *A VIDA DOS VERTEBRADOS*. SÃO PAULO: ATHENEU, 2008.

QUÍMICA NO DIA A DIA. *CIÊNCIA HOJE NA ESCOLA*, RIO DE JANEIRO: SBPC, V. 6, 1998.

RAVEN, P. H. *BIOLOGIA VEGETAL*. RIO DE JANEIRO: GUANABARA KOOGAN, 2007.

RIOS, E. P. *ÁGUA, VIDA E ENERGIA*. SÃO PAULO: ATUAL EDITORA, 2004. (PROJETO CIÊNCIA).

RUPPERT, E. E.; FOX, R. S.; BARNES, R. D. *ZOOLOGIA DOS INVERTEBRADOS*. SÃO PAULO: ROCA, 2007.

SILVEIRA, GHISLEINE T.; EDNIR, MADZA. *ALMANAQUE DA ÁGUA*. SÃO PAULO: SABESP, 2008.

SOBOTTA, J. *ATLAS DE ANATOMIA HUMANA*. 23. ED. RIO DE JANEIRO: GUANABARA KOOGAN, 2013.

SOCIEDADE BRASILEIRA DE ANATOMIA. *TERMINOLOGIA ANATÔMICA*. BARUERI: MANOLE, 2001.

STORER, T. I.; USINGER, R. L. *ZOOLOGIA GERAL*. SÃO PAULO: NACIONAL, 2003.

TEIXEIRA, W. ET AL. *DECIFRANDO A TERRA*. SÃO PAULO: OFICINA DE TEXTOS, 2000.

TOWNSEND, C. R.; BEGON, M.; HARPER, J. L. *FUNDAMENTOS EM ECOLOGIA*. 3. ED. PORTO ALEGRE: ARTMED, 2010.

TUNDISI, H. S. F. *USOS DA ENERGIA*: SISTEMAS, FONTES E ALTERNATIVAS DO FOGO AOS GRADIENTES DE TEMPERATURA OCEÂNICOS. 14. ED. SÃO PAULO: ATUAL EDITORA, 2002.

WEISSMANN, H. (ORG.). *DIDÁTICA DAS CIÊNCIAS NATURAIS*: CONTRIBUIÇÃO E REFLEXÃO. PORTO ALEGRE: ARTMED, 1998.

ZANELA, C. *FISIOLOGIA HUMANA*. RIO DE JANEIRO: SESES, 2015.

MATERIAL COMPLEMENTAR

PÁGINA 29

NARIZ

OLHO

PELE

ORELHA

LÍNGUA

CUIDADO AO MANUSEAR A TESOURA.

LEGENDA

RECORTAR

MATERIAL COMPLEMENTAR

UNIDADE 3 – PÁGINA 62

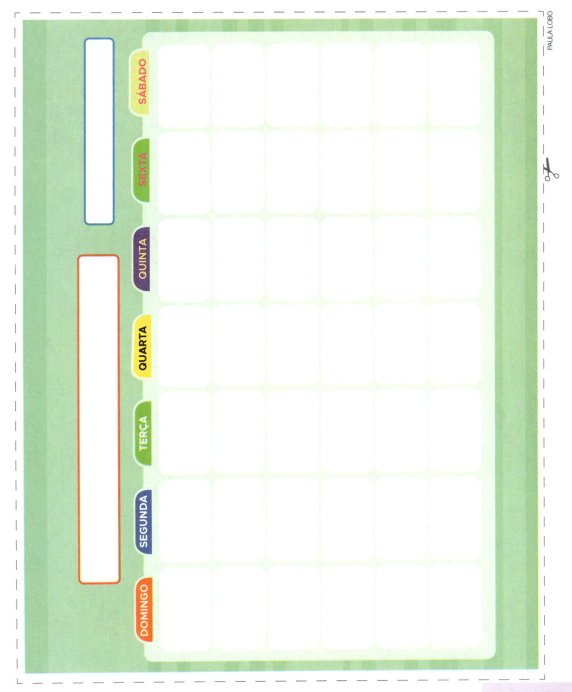

CUIDADO AO MANUSEAR A TESOURA.

LEGENDA

RECORTAR